• 강명식, 찬양사역자, 숭실대 콘서바토리 현대교회음악과 교수

이 책은 흔히 접할 수 있는 결론적인 치유나 회복의 이야기는 아닙니다. 오히려 무거운 인생의 짐을 지고 가면서도 결코 희망의 끈을 놓을 수 없는 한 인간의 진솔한 고뇌와 소망이 담겨 있습니다. 그래서 더욱 가슴 깊은 곳을 울립니다. 결과가 아닌 과정이 진정한 '승리'라면, 저자 가족은 이미 승리를 이루어가고 있습니다. 하나님이 침묵하시는 듯한 인생의 광야, 그 눈물 골짜기를 지나고 계신 분들에게 이 책을 권하고 싶습니다.

• 박현홍, 사회복지NGO '러빙핸즈' 대표

고난에 대한 설교가 아닙니다. 기적에 대한 간증도 아닙니다. 끝이 보이지 않는 광야를 울고 웃으며 그리스도와 함께 걸어가고 있는 윤영, 윤서, 윤지네 집 이야기입니다. 대학 시절 늘 곁에서 뵙던 김병년 목사님은 간사보다 전도사보다 '그리스도의 젊은이'로 불리는 것이 가장 즐겁다 하셨습니다. 그래서 그분이 남긴 메모의 끝에는 늘 그런 서명이 있었던 것을 기억합니다. 그리스도의 젊은이 김병년.

이 책을 읽는 사람은 목사 김병년이 아니라 그 몸에 그리스도의 흔적을 지닌 성도 김병년을 만나게 됩니다. 고난을 마주하고 주저앉아 있는 이들에게는 속 시원한 울음을, 지나간 고난에 대한 해석의 무게에 눌려 있는 이들에게는 자유를, 아직 고난을 모르는 이들에게는 두려운 사모함을, 고난을 통과하고 있는 이웃을 돕고 싶은 이들에게는 아픔을 함께하는 법을 전해 주는 책입니다.

• 이무하, 찬양사역자

　어떤 책이 그 내용에 진정성이 담보되는 경우, 책은 곧 저자 자신이다. 저자 김병년은 자칫 가볍고 천박해지기 쉬운 시대에 진정한 의미의 고상함과 진지함을 지닌 사람이다. 또한 하나님과 그의 나라를 구하는 데 누구도 따를 수 없는 열정을 가진 사람임을 그를 아는 이라면 누구든 인정할 터다. 적지 않은 열정적 행동가들이 그러하듯 그 또한 이른바 '일 중독'이었는지 모른다. 그런 그에게 문득 '고난'이라는 초대하지 않은 손님이 삶의 한복판으로 찾아와 떠날 기약도 없이 장기 체류 중이다. 그를 찾은 것은 고난만은 아니다. 그 고난을 통해 하나님이 그를 찾아오셨으며 고통이라는 확성기를 통해 말씀하고 계신다.

　그는 지금 언제 끝날지 알 수 없는 고난이라는 이름의 광야를 천천히 지나가고 있다. 어쩌면 끝이 없어 보이는 광야를 통과하면서 비로소 그는 아내를 사역의 조력자로서가 아니라 존재 그 자체로 사랑하게 되었음을 고백한다. "난 당신이 좋아"라는 말은 단순하지만 그 어떤 사랑 고백보다도 참되고 의미심장한 고백이다. 이 책은 그 한마디를 아내에게 되돌려 주기까지 그가 겪은 광야의 여정을 눈물겹도록 생생하게 기록하고 있다.

　모든 고통을 감내하면서 체득한 사랑은 고통받는 가난한 이웃과 스스로 부요하다 하나 더욱 가련한 이들을 향한 삶으로 우리 모두를 초대한다.

　이 책은 단순히 추천할 만한 책이 아니다. 할 수만 있다면 내가 아는 사람 모두, 혹은 모르는 누구라도 붙들고 읽게 하고 싶은 책이다. 가지지 않으면 불평하고 쌓아두지 않으면 불안해하며 성공과 번영을 추구하는 '승리주의'가 만연한 오늘날, 그리스도인들의 자화상에 일말의 자괴감과 의문을 가진 모든 이에게 이 책을 기꺼이 추천한다. 아니 간곡히 당부하는 마음이다.

• 이명희, CBS 아나운서

　위로가 필요한 사람 앞에서 우물쭈물하며 좋은 날을 믿고 기대하란 말을 간신히 꺼내곤 했다. 하지만 고통을 감내하며 그저 믿고 기다리기엔 세상은 너무 불공평해 보이고 하나님은 등 돌리고 계시는 것만 같다.

　김병년 목사는 그렇게 아파서 쩔쩔매는 이들에게 진정한 위로가 된다. 그가 고통을 이겨낸 사람이어서가 아니다. 그의 아내는 여전히 눈만 깜박이고 그는 여전히 힘겨워한다. 하지만 그는 고통 중에 함께 아파하는 하나님을 만났다. 기적을 체험하지 않은 간증, 여전한 고통 속에 피어난 감사 고백이기에 이 책은 더욱 특별하고 감동적이다. 어찌할 바를 모르고 가슴만 쥐어뜯는 수많은 김병년들이 가만히 다가와 손잡아 주시는 그분을 만날 수 있기를 바란다.

• 한상순, 애린원 원장

　피할 수 없는 고통 한가운데서 부르짖을 때 침묵하시는 듯한 하나님으로 인해 그분은 멀리 계시며 나를 돌아보지 않으신다고 생각할 때가 있습니다. 사모님이 쓰러지신 후 목사님은 현실을 직면하며 수용하며 감내하며 살아갈 때 하나님이 항상 함께하시며 견딜 힘도 주심을 배웠습니다. 하나님을 향해 깨어 있을 때 하나님의 사랑과 생명을 체험하며 그 사랑과 생명을 세상으로 흘려 보내는 통로가 됨도 배웠습니다.

　이 책을 통해 고통의 길 위에서 정체성을 잃지 않고 끊임없이 자아를 발견함으로써 우리 삶이 더욱 성숙하고 성장하게 되기를 바랍니다. 나아가 자기 자신과 타인을 진정으로 사랑하고, 이웃의 아픔에 공감하며 함께 울고 함께 웃음으로써 이 땅에 천국이 확장되기를 기도합니다.

난 당신이 좋아

IVP(InterVarsity Press)는
캠퍼스와 세상 속의 하나님 나라 운동을 지향하는
IVF(InterVarsity Christian Fellowship)의 출판부로서
생각하는 그리스도인을 위한 문서 운동을 실천합니다.

난 당신이 좋아
고통 속에 부르는 아가(雅歌)

김병년

추천의 글　　10

들어가는 글: 당신의 한마디를 기다리며　　13

1부 우리 결혼했어요

1　웃기만 하는 아내　　18

2　태산을 넘어 험곡에 가도　　23

3　기도로 만난 아내　　30

4　엉망진창 결혼생활　　35

5　가정을 낳는 가정　　42

6　당신 덕분에 풍성한 삶　　47

2부 깨어나도 식물인간입니다

7　난 보호자가 아니에요　　54

8　중환자실 앞에서　　59

9　부르짖으라　　65

10　병상에서 맞는 결혼 10주년　　71

11　첫 번째 퇴원　　77

12　다 갚을 수 없는 사랑의 빚　　83

13　아빠가 안 놀아 주잖아　　90

3부 하나님, 저 좀 그만 때리세요

14 일상, 소망과 좌절을 반복하며　98

15 윤지가 돌아왔다　104

16 또 한 번의 시련　110

17 아내의 발　117

18 하나님, 저 좀 그만 때리세요　123

19 고통당하는 자를 쓰시는 하나님　131

4부 그래도 사랑합니다

20 삶에 해답이 주어지지 않을 때　138

21 솔직한 기도　144

22 예수님은 하나님의 눈물　152

23 고난당하는 자에게 필요한 것　161

24 야곱의 축복　168

25 하나님이 크게 쓰시려고　175

26 함께 천천히 걷는 광야 학교　182

맺는 글: 난 당신이 좋아　189

감사의 글　193

추천의 글

     김병년 목사는 IVF 간사로 있을 때 동안교회 청년부에 출석하면서부터 알게 되었습니다. 타고난 열심으로 청년부 간사로 섬기다가 신학대학원에 가면서 교육전도사가 되어 동안교회 청년부 발전에 한몫을 감당해 주었습니다.

  사람이 신실하고 열정이 있어서 동안교회 부목사로 청빙하려 하였으나 선교에 비전이 있다면서 사양했습니다. 높은뜻 숭의교회를 개척하면서 청년부를 맡기려고 부탁하였으나 또 딱지를 맞았습니다.

  평생 목회하면서 제가 두 번이나 딱지를 맞은 목사는 아마 김 목사뿐이 아닐까 싶습니다. 딱지는 맞았어도 어느 자리에 있거나 하나님의 신실한 종으로 겸손하게 그리고 열정적으로 목회를 하는 모습이 늘 좋아도였습니다. 그리고 늘 마음으로 감사하였습니다.

하나님을 기쁘시게 하는 사람은 언제나 사탄을 슬프게 합니다. 사탄을 슬프게 하면 언제나 환난이 있고 핍박이 있습니다. 초대교회 교인들이 오순절에 성령을 받고 거듭나고 부흥하자 사탄이 슬펐습니다. 그래서 초대교회 교인들은 엄청난 핍박을 받게 되었습니다. 그 핍박 때문에 저들은 예루살렘을 떠나 사방으로 흩어져야만 했습니다. 그러나 그 핍박은 예상 외로 사탄을 아주 곤란하게 하였습니다. 흩어진 교인들이 불씨가 되어 가는 곳마다 하나님의 교회를 세웠기 때문이었습니다.

김 목사의 사랑하는 아내가 막내를 출산한 다음 날 뇌경색으로 쓰러졌습니다. 치명적인 사탄의 공격이라고 할 수 있습니다. 그러나 그러한 사탄의 공격이 김 목사의 목회를 무너뜨리지 못했습니다. 오히려 더 신실한 하나님의 사람이 되게 했습니다.

사랑하는 후배 김병년 목사가 쓰러진 아내를 생각하며 이 책을 출판했습니다. 부제를 '고통 속에 부르는 아가'라고 하였습니다. 하나님의 사람은 본래 고통을 당하면 하나님과 더 가까워지는 법인데 우리 김병년 목사가 그렇습니다.

고통에 대한 저자의 진솔한 경험과 뼈아픈 통찰이 돋보이는 이 책은, 무분별한 축복론에 물든 한국 교회에 경종을 울리며 지금 여기서 우리와 함께 고통당하시는 하나님의 마음을 고스란히 전해 줍니다. 때로는 절규하고, 때로는 원망했지만 하루하루 은혜를 구하며 하나님께 더 가까이 간 저자의 이 고백록이야말로 수많은 영혼들에게 큰 위로와 소망을 전해 주리라 믿어 의심치 않습니다.

고통을 믿음으로 잘 극복하니 고통이 은혜가 되었습니다. 큰 은혜가 되었습니다. 이 책을 통해 함께 그 은혜를 나눌 수 있게 되어 기쁘고 감사합니다. 큰 기대를 가지고 김병년 목사의 「난 당신이 좋아」를 추천합니다.

2010년 12월 4일

김동호 목사

들어가는 글
당신의 한마디를 기다리며

"엄마는 아가의 방구 냄새를 맡고 기절했다. 그리고 아직 일어나지 못하고 있다."

아내가 갑자기 쓰러진 날, 첫째 딸 윤영이는 일기에 이렇게 썼다.

2005년 8월 8일 막내 윤지가 태어나던 날, 모든 상황은 예상대로 순조롭게 돌아갔다. 아내는 건강했고 고통도 잘 참는 편인데다 이미 두 번이나 순산했기에 우리 가족은 별걱정 없이 세 번째 순산을 기대하고 있었다. 아내는 셋째를 갖고서 육체적으로나 정신적으로나 좀 힘들어하긴 했지만, 이번이 마지막이라는 남편의 약속에 안도하며 셋째를 기다렸다. "생명은 자연의 순리대로 구사히 태어나서 우리 품에 안길 테니 너무 걱정 마. 이번에도 힘 한번 주면 쑥 나올 거야. 우리

주연이 파이팅!" 출산 직전까지도 그렇게 장난기 어린 응원을 할 정도로 나는 여유만만이었다. 아니나 다를까 우리의 바람대로 아이는 아주 수월하게 세상에 나와 주었다.

기대했던 일들이 현실로 이루어질 때 평안하다고들 말한다. 이틀 후 아내가 퇴원하던 날, 우리는 그렇게 평안함과 행복감에 싸여 일상으로 돌아왔다. 아내는 아이들에게로, 나는 일터로. 아내를 처가에 데려다 주고 수요 예배를 준비하러 교회로 향할 때까지 일상은 잔잔한 강물처럼 흘러가고 있었다. 또 하나의 새 생명이 우리 곁에 왔다는 것 외에는 별다른 기운을 전혀 감지할 수 없었다.

그날도 수요 예배를 마치고 여느 때처럼 예배당 안을 정리한 뒤 꺼 놓았던 휴대폰의 전원을 켰다. 곧바로 음성 메시지 하나가 들어왔다. 그 메시지에 내 인생을 송두리째 뒤흔들 엄청난 사건이 담겨 있을 줄이야.

별생각 없이 확인한 음성 메시지. 처제의 카랑카랑한 목소리가 다급하게 전화기를 뚫고 내 귓전을 때렸다.

"형부, 전화해. 언니가 고대 병원 응급실에 있어. 빨리 와!"

순간 나는 갓 태어난 아이에게 문제가 생긴 줄 알고 가슴이 덜컥 내려앉았다. 곧바로 장모님께 전화를 걸었다.

"장모님, 무슨 일이에요? 애가 어떻게 됐습니까?"

"아이고, 여보게, 주연이가, 우리 주연이가 갑자기 쓰러졌어. 정신을 못 차려!"

순간 머릿속이 하얘지고 아무 생각이 나지 않았다. 이게 꿈인가 현실인가. 묵직한 무언가로 뒤통수를 얻어맞은 기분이 이런 걸까.

"주연이가 왜요? 그 건강한 사람이 무슨 일로?"

"아 글쎄, 나도 몰라. 아무튼 빨리 와."

장모님은 황급히 전화를 끊어 버리셨다.

그때부터 내 삶은 모든 사람이 타고 내리는 버스에서 강제 하차 당해 앰뷸런스로 옮겨 타야 했다. 삶의 폭풍이 나를 휘감아 강제로 끌고 왔다. 오늘까지.

병원에서 아내를 보았다. 불과 몇 시간 전에 나와 이야기를 주고받고 내게 손을 흔들어 주었던 아내는 거기 없었다. 지금 무슨 일이 일어나고 있는지 전혀 모르는 양, 아내는 잠자듯 누워 있었다. 그때만 해도 아내가 잠시 자고 일어나리라 믿었다. 분명 그럴 거라 믿었다. 얼마 안 있어 잠에서 깨어나 벌떡 일어날 거라고.

이럴 줄 알았으면 그날 아내와 이야기나 실컷 하고 나올 걸…. 수요 예배를 드리러 나갈 때 특별히 나눈 말도 없었다. "나 다녀올게"라는 평범한 인사말이 전부였지 않은가. 이렇게 오랫동안 대화를 나눌 수 없을 거라곤 상상도 못했으니.

들어가는 글

'여보, 그때 뭔가 낌새가 느껴졌으면 나한테 힌트라도 좀 주지 그랬어….'

아내 입에서 말 한마디 새어 나오기를 애타게 기다린 지 어느새 6년이 흘렀다. 아내가 쓰러지고 한참 뒤에 발견한 첫째 아이의 일기를 보며 그만 울다가 웃었다.

'아기의 방귀 냄새를 맡고 쓰러진 여보, 이제 그만 일어나요. 냄새는 흔적도 없이 사라진 지 오래되었어. 당신만 쓰러뜨려 놓고…. 주연아.'

오늘도 아내의 이름을 하염없이 불러본다.

1부
우리 결혼했어요

1장
웃기만 하는 아내

　　　　　　낡은 침대 하나가 다섯 평 남짓한 좁은 방 안을 가득 메우고 있다. 하루 종일 침대는 소리 없이 한 여자를 떠받치고 있다. 침대도, 누워 있는 여자도 아무런 소리가 없다. 방 안을 휘감아 도는 적막한 공기를 밀어내려는 듯 라디오에선 온종일 찬송과 설교가 연이어 흘러나온다. 간간이 요란한 소음이 라디오 소리를 비집고 들어온다. 아내의 목구멍에 찬 가래를 흡입하는 석션 소리다.

　　침대에 누워 있는 여자는 나의 아내 서주연. 아내의 하루는 극히 단조롭다. 아내는 가만히 누워 주어진 세계를 받아들인다. 아내의 시간은 멈추었고, 아내의 몸은 미동도 없다. 아내의 시간은 길을 잃은 채 어딘가에 머물러 있는지도 모른다. 어디로 가야 할지 몰라 멈춰서 버린 아내의 시간. 그런 아내를 바라보는 나의 시간은 절망과 희망 사이를 오간다. 그러나 아내와 나를 제외한 세상의 시간은 야속하게도 아무 일 없다는 듯 여전히 같은 속도로 잘만 흘러간다.

가끔씩 처제가 던지는 물음은 나를 당혹스럽게 한다. "언니, 언제 일어나는 거예요?" 나 역시 가장 궁금한 질문이다. 아내가 쓰러진 직후부터 지금까지 단 하루도, 단 한순간도, 이 질문을 하나님께 드리지 않은 적이 없다. '대체 아내는 언제 일어나는 겁니까? 언젠가는 꼭 일어나겠지요? 그렇게 하실 줄로 믿습니다.' 혼자 묻고 혼자 두드리고 혼자 열고 혼자 닫고 혼자 반응하는 것 같은 답답한 시간이 계속된다. 모든 것을 아시고 한순간에 아내를 일으켜 주실 수 있는 그분은, 이상하게도 이 질문에는 속시원한 답을 주시지 않는다. 일으키시겠다는 것인지, 아니면 일으키지 않을 테니 그대로 살라는 것인지 아무런 답이 없으시다.

그렇다, 아내는 지금 의사의 판정대로 식물인간 상태다. 뇌는 살아 있으나 몸의 그 어떤 부분도 스스로 통제할 수 없는 상태. 귀로 들으면 뇌로 이해는 하되, 신경 조직이 마비되어 뇌의 지시가 몸으로는 전달되지 않는 상태다. 육체의 한계에 직면해 있다. 예전엔 몸이 아내가 하고자 하는 소소한 일들을 충실히 이행하는 수단이었다면, 지금은 아내가 하고자 하는 모든 일을 가로막는 장애물이다. 아내는 벌써

6년째 이렇게 힘겨운 싸움을 하고 있다.

  나는 아내의 고독한 전쟁을 도울 방법이 없다. 무엇 하나라도 아내에게 도움이 될 수 있다면 좋으련만, 나는 그 싸움에 함께할 수 없다. 내가 할 수 있는 일이라곤 기껏해야 어린이 군악대를 지휘하는 일이다. 전쟁 중인 아내가 낙심할까 봐, 포기할까 봐, 지루해할까 봐, 외로워할까 봐, 나는 세 아이를 지휘하며 아내를 응원한다.

  아침에 일어나서 제일 먼저 하는 일은 아이들에게 뽀뽀를 시키는 일. "엄마한테 뽀뽀 열 번!" 하고 외치면 세 아이는 조르르 달려가 아내의 입술과 뺨에 뽀뽀를 한다. 뽀뽀 세례를 받은 아내는 슬며시 미소를 짓는다. 가끔씩은 "엄마한테 재미난 이야기 다섯 개씩 들려주면 아빠가 맛있는 거 사 준다!"라며 작은 이벤트도 벌인다. 그러면 아이들은 말도 안 되는 이야기를 지어내 후다닥 내뱉어 버리고는 "아빠, 다 했어요. 맛있는 거 사 주세요" 한다. 때론 귀가 따갑도록 꽥꽥거리며 노래를 부르기도 한다. 내 귀엔 소음으로 들리는데 아내는 좋다고 웃는다.

                    ❦ ❦ ❦ ❦

  건강할 때도 잘 웃던 아내는 아프고 나서도 여전히 잘 웃는다. 아이들은 노는 것도, 숙제하는 것도, 게임하는 것도 모두 웃는 엄마 곁에서 한다. 아픈 엄마 곁에서 뒹굴고 발을 구르고 소리치고 뛰어다닌다. 아이들은 한순간도 움직임을 멈추지 않는다. 조금이라도 움직여 주었으면 좋을 아내와, 잠시라도 가만히 있어 주면 좋을 아이들이 어우러져 묘한 조화를 이룬다. 아이들은 전장에 핀 흐드러진 꽃들마냥 밝디 밝다.

아내는 남편 이름만 들어도 웃는다. 늘 곁에서 돌보시는 장모님에게는 소극적으로 반응하면서도 바람처럼 왔다가 사라지는 남편을 향해서는 환한 웃음을 선사한다. 그때마다 장모님은 딸에게 "영락없는 팔불출이로구나"라고 놀리신다. 그러면 아내는 또 미소로 답한다. 아내는 아프고 힘들어도 남편을 바라보며 누워서도 웃는다. 내겐 늘 웃음으로 맞아 주는 아내가 있다. 신혼 초부터 지금까지, 건강할 때나 아플 때나, 잘 때나 깰 때나. 아내는 미소 유전자를 타고났음에 틀림없다. 항상 생글거리던 아내였기에 삶이 일그러진 지금도 무의식적으로 웃고 있는 건지도 모른다.

사실 아내의 웃음은 집안에만 머무는 것이 아니었다. 작년 여름, 우리 교회에서 열린 수련회 퀴즈 대회 때 이런 문제가 나왔다.

"우리 교회에서 가장 많이 웃는 사람은 누구일까요?"

정답은 바로 '사모님'이었다. 아내가 쓰러지기 전까지 우리와 함께 살았던 한 자매가 정답을 냉큼 맞추었다. 정답을 듣는 순간 마음 한켠이 아려 왔다. '아내는 왜 그렇게 많이 웃었을까? 웃지만 말고 제때 제때 화라도 냈으면 이렇게 쓰러지지는 않았을 텐데…' 하는 아쉬운 원망에 그만 주책없는 눈물만 흘렀다.

그러고 보니 우리가 처음 만난 날도 아내는 내내 웃는 얼굴이었다. 그 미소에 반하지 않았던가. 청명한 가을 하늘 눈부신 어느 오후, 나는 그녀의 웃는 낯을 처음으로 마주했다. 봄날의 싱그런 기운이 가득한 그녀의 해맑은 얼굴을.

2장
태산을 넘어 험곡에 가도

　　　　　　아내를 처음 만난 날은 1994년 10월 12일. 이 날짜를 정확히 기억하는 것은 내 생일 전날이기 때문이다. 난 숫자에 정말 약하다. 어릴 때부터 친구 생일은커녕 가족의 생일도 새까맣게 잊어버리기 일쑤였다. 그나마 내 생일은 간혹 기억했다. 그래서 아내를 처음 만나는 날이 내 생일 전날이 되도록 나름대로 치밀하게 계획을 세웠다. 사랑하는 사람을 처음 만난 날만큼은 영원히 잊지 않도록.

　당시 서른한 살이던 나는 동료들이 모두 장가를 가고 나만 홀로 남았다는 사실에 위기의식을 느끼고 있었다. 형제건 자매건 알고 지내는 사람들은 아주 많았지만, 유독 이성 교제에는 영 소질이 없었던 나는 두 차례의 실패 끝에 결혼에 대해 진지하게 연구해 보기로 했다. 어떻게 하면 제대로 된 결혼을 할 수 있을까? 성경에서 남녀가 만나 결혼하는 장면을 모조리 찾아 묵상해 보기로 했다. 아담과 하와, 이삭과 리브가, 다윗과 아비가일, 라합과 살몬, 룻과 보아스. 구약 성경에 나오는 여성들은 생각보다 매우 능동적이었다. 그들은 오늘날 여성에 결코 뒤지지 않을 만큼 적극적이고 주체적이었다. 한 예로, 아브라함의 종을 만난 리브가는 부모의 만류도 뿌리치고 하룻밤만 묵고 떠나기로 결정한다. 이삭과 결혼하기 위해서였다. 갑자기 이런 의문이 들었다.

'리브가는 왜 아브라함의 종을 따라나섰을까? 아브라함과 친분이 있었던 것도 아닌데.'

그러던 중 아브라함의 종이 한 말에서 그 실마리를 찾았다.

"여호와께서 인도하셨다."

리브가에게는 믿음이 있었다. 리브가는 아브라함의 아들 이삭이 누구인지는 잘 몰라도, 아브라함과 그의 종이 믿는 '하나님의 인도하심'을 확고히 신뢰했던 것이다. 그렇다면 나 역시, 상대가 하나님의 인도하심을 따라 살아온 사람이라면 그를 신뢰하고 평생을 함께할 수 있겠다는 확신이 생겼다. 나뿐 아니라 상대도 나에 대해 그러하리라는 믿음이 생겼다.

'나는 지금 서른한 살이다. 그렇지 않아도 늦은 나이인데(그때만 해도 그랬다), 데이트를 해서 서로 알아가는 시간을 가져 보자고 하기엔 너무 답답한 형국이다. 리브가도 아브라함의 종이 한 말을 듣고 곧바로 결혼을 결심하지 않았는가? 그러니 오늘 자매를 만나면 내가 지금까지 살아온 삶과 하나님의 인도하심에 대해 모두 이야기하고 결혼을 전제로 사귀자고 프러포즈해야겠다. 그래서 상대가 받아들이면 사귀고, 그냥 생각해 보겠다고만 하면 관둬야지.' 이렇게 마음을 단단히 먹고 내 특유의 돌파력으로 밀어붙이기로 작정했다.

돌이켜보니 지난날 나는 터무니없이 이상적인 여자를 찾고 있었다. 내가 바라는 배우자상은 안정적인 직업을 가지고 있으면서 순종적이고 남편을 잘 섬길 줄 아는 여자였다. 인격적이면서 능력도 있고, 지적이면서 기도도 많이 하는 그런 여자를 원했다. 내가 두 번째 교제에 실패하고 나자 동료 자매가 이런 충고를 해주었다.

"아휴, 병년 형제, 여자를 너무 모르시네요. 병년 형제가 찾는 스타일의 여자들은 병년 형제를 싫어한답니다."

충격이었다. 그러나 그 말은 나의 이성관을 바꾸는 결정타가 되었다. 웬만해선 고집을 잘 꺾지 않는 내가 이렇게 물었다.

"그럼, 제가 어떻게 하면 됩니까?"

"병년 형제가 좋아하는 사람을 선택하지 말고, 병년 형제를 좋아하는 사람을 선택하세요. 그러면 100퍼센트 결혼할 수 있을거예요!"

나는 곧바로 그 말을 따르기로 결심했다. 나의 낡은 배우자 기준을 과감히 바꾸었다. 그리고 첫 만남을 갖게 된 것이다.

드디어 그녀가 나타났다. 저 멀리서 사뿐사뿐 다가오는 그녀. 부드러운 눈매, 순한 눈빛, 아담하고 매끄러운 콧날, 작고 도톰한 입술. 특별할 것 없는 평범한 옷차림에 단정한 머리 모양새. 나와 비슷하거나 나보다 아주 약간 큰 키(내 키가 꽤 작은 편이라 그만 해도 만족스러웠다). 왠지 이번엔 예감이 좋았다. 계획대로 내가 살아온 이야기를 두루마리 펼치듯 죽 풀어놓았다. 그러고는 그녀에게 넌지시 물어보았다.

"우리 결혼을 전제로 교제하는 거 어떻게 생각하세요?"

그녀가 잠시 멈칫한다. 내 마음도 떨려 왔다.

'혹시…싫다고 말할 건가? 거절하면 어떡하지? 지금까지 분위기는 괜찮았는데, 내가 너무 성급해서 또 일을 그르친 건가? 연애에 젬병인 내가 이번에도 고배를 마시면 기약 없이 다음 기회를 기다려야 하나? 난 왜 이다지도 풀리지 않는 건가? 그리도 간절히 기도했건만!'

그녀의 대답을 듣기까지 기다리는 그 짧은 시간이 마치 수억만 년처럼 느껴졌다. 그리고 자꾸 머릿속에는 최악의 상황만 떠올랐다. 마구 고동치는 심장소리가 귓전을 울리는 듯했다.

"저…저기…."

드디어 그녀가 입을 뗐다.

"저…결혼은 아직 모르겠고요…교제해 볼 마음은 있어요…."

휴-. 다행히 거절은 아니었다. 그러나 '네', '아니오'뿐인 내 단순 무식한 답안지에는 없는 대답이었다. 결혼은 모르겠으나 교제는 하겠다니. 예상 답안 중 이도 저도 아닌 중간 입장이지 않은가? 그러나 이도 저도 아니면 일단 긍정적인 쪽으로 해석해 버리자. 실은 이미 그녀가 너무 좋아서 다른 생각은 할 수가 없었다.

"좋습니다. 그럼 우리 지금부터 정식으로 사귀는 겁니다."

이렇게, 만난 지 세 시간여 만에 우리는 교제를 시작하기로 결정했다. 나는 그녀가 나를 신뢰할 만한 형제로 본 것이 틀림없다고 생각하며 은근히 으쓱했다. 그런데 훗날 아내의 이야기를 들어보니 실상은 그게 아니었다. '이 남자, 참 안됐구나. 얼마나 급했으면 저렇게 만나자마자 사귀자고 할까. 성격도 불 같네. 정말 여자를 몰라도 한참 모르는군. 하지만 순수하고 열정은 있어 보이네. 나같이 차분한 사람이 좀 다독여 줘야겠다' 하고 생각했단다.

일단 교제를 결정하자 일은 일사천리로 진행되었다. 우리는 교제한 지 한 달 반 만에 결혼을 약속했다. 그리고 석 달 만에 양가의 허락을 얻었다. 하지만 장모님은 우리 결혼을 많이 반대하셨다. 볼품없는 외모에, 모아 둔 돈 한 푼 없이, 직업도 불분명한 선교 단체 간사라니

환영할 부모가 어디 있겠는가. 하지만 그 온순하고 순종적이던 딸이 한 달 내내 입을 내밀고 "난 김병년 아니면 결혼 안 해요!" 하는 통에 허락을 안 하실 수가 없었단다.

나의 청혼은 무척 소박했다. 청혼 장소는 화려한 조명이 빛나는 호텔 레스토랑도, 은은한 촛불이 켜진 멋진 카페도, 하다못해 장미향 가득한 야외공원도 아니었다. 창가에 기대어 하루의 고단함을 달래는 사람들로 가득한 흔들리는 버스 안에서였다. 다 늦은 저녁에 만나 데이트를 하고 그녀를 바래다주러 올라탄 버스였다. 온 마음을 실어 떨리는 손으로 그녀의 손을 잡고 말했다.

"헤어지기 싫은데…, 바래다주기 싫으니 우리 한 집에서 살래요?"

그녀의 눈가가 촉촉해졌다. 흔들리는 버스 안에서 그녀는 일생일대의 결정을 흔쾌히 내려 주었다.

"그래요"

잔잔한 미소를 머금은 그녀의 대답은 여느 때처럼 부드럽고도 확고했다. 그 순간 나는 세상을 다 가진 것만 같았다.

양가의 허락을 받은 후에도 우리는 9개월이란 긴 시간을 기다려야 했다. 경제적으로 결혼할 여건이 되지 않았기 때문이다. 내가 가지고 있던 돈은 매달 10만 원씩 2년 동안 부은 적금 240만 원이 전부였고, 양가 어른들께도 도움 받을 형편이 못 되었다. 결정은 일찍 했지만 결국 만난 지 1년이 다 되어서야 식을 올릴 수 있었다.

    1995년 11월 11일, 햇살이 여러 겹 구름 사이를 비집고 찬란하게 비치던 날, 우리는 결혼 예배를 드렸다. 예물이라야 달랑 금가락지 하나와 장인어른이 주신 시계가 전부였다. 그러나 전혀 부족함을 느끼지 못했다. 얼마나 기다려 왔던 결혼 예배인가. 예배당에 가득 찬 하객들을 보고 양가 식구 모두 놀라움을 금치 못했다. 누구보다 기뻐해 주신 분은 주례를 맡은 김동호 목사님이셨다. 아직도 그날의 말씀을 또렷이 기억한다. 우리를 향해 "이스라엘을 축복하는 자, 느헤미야처럼 이스라엘을 세우는 자가 되라"고 간곡하게 당부하셨다. 반쪽을 찾아 헤매던 20대의 방황에 종지부를 찍는 순간이었다.

    그날 결혼 예배에서 마지막 행진곡으로 부른 찬송가는 "태산을 넘어 험곡에 가도"였다. 마치 앞으로의 삶을 예견하듯 우리는 비장하게 그 노래를 불렀다. 하늘의 영광은 험한 골짜기에서도, 캄캄한 밤에도 결코 사라지지 않는다는 진리를 온몸으로 부딪쳐 알게 될 것을 어쩌면 그때 예감하고 있었는지도 모르겠다.

3장
기도로 만난 아내

사실 아내와의 '진짜' 첫 만남은 1994년 8월이었다. 더 놀라운 사실은, 그 첫 만남이 있기 3년 전부터 하나님의 손길이 우리 두 사람을 감싸고 있었다는 것이다.

기도 생활은 지금도 어렵지만, 그때도 그랬다. 사실 그때까지 나는 별로 기도하지 않는 사역자였다. 한번은 내가 담당하고 있던 캠퍼스 모임의 학생 대표가 내게 돌발 질문을 던졌다.

"간사님, 간사님은 왜 기도를 잘 안 하세요?"

기습 질문에 말문이 막힌 나는 도리어 큰소리를 쳤다.

"내가 걷고 뛰어다니는 게 다 기도야, 인마. 노동이 기도고, 기도가 노동이라니깐."

예수원 입구에 있는 문구까지 들먹이며 그 순간을 모면했지만, 사실 그 형제가 던진 질문은 내 마음속 깊숙이 파고들었다. 그런 내가 진지하게 기도하기 시작한 것은 크나큰 상심을 통해서였다.

1991년, 나는 4년 동안 공들여 온 캠퍼스 사역에서 엄청난 실패를 맛보았다. 공동체는 둘로 갈라지고, 불길처럼 타오르던 사회변혁에의 열정과 캠퍼스를 향한 비전도 허무하게 스러져갔다. 그때 하나님이 조용히 나를 찾아오셨다.

"병년아, 네가 먼저 변해야 한다. 네가 변하지 않으면 내 양들이 다 죽는다."

하나님의 음성을 들은 나는 밤낮으로 울부짖기 시작했다.

"하나님, 저를 변화시켜 주세요. 저부터 변화시켜 주세요."

그때부터 하나님은 나를 기도의 자리로, 기도하는 사역으로 줄곧 부르셨다. 절망 가운데 기도로 하나님을 만나기 시작했고, 하나님은 그런 나를 위해 또 다른 만남을 준비하고 계셨다.

༺ ༺ ༺ ༺ ༺ ༺

기도에 늘 역부족이던 내가 기도회를 통해 아내를 만날 줄은 꿈에도 몰랐다. 아내와의 (비공식) 첫 만남은 1994년 8월 선교한국대회를 통해서였다. 2년다다 열리는 이 대회에는 참석자들과 대회의 성공적인 진행을 위해 기도하는 별도의 중보기도팀이 있어서 대회 기간 내내 기도 소리가 끊이지 않는다. 그런데 그 해 중보기도팀 인도자로 내가 임명된 것이다. 전혀 예상치 못한 일이었다. 아무리 기도에는 고수가 없다지만, 나 같은 햇병아리가 그렇게 큰 대회의 기도 인도자가 될 줄이야! 차라리 청소 반장이 되는 편이 훨씬 더 수월했다. 그러나 하나님은 나를 기도하는 자리로 불러내셨다.

당시 직장인이었던 그녀도 중보기도팀에 자원하여 참가하고 있었다. 서로 다른 단체에서 온 사람들로 구성된 팀이라 나는 그녀의 얼굴만 겨우 아는 정도였다. 그녀에 대해 아는 거라곤 거의 없었고 알려 해도 그럴 만한 짬이 없었다. 8월 초순의 한여름, 에어컨도 선풍기도 없는 찜질방 같은 좁은 공간에 20여 명이 무릎을 꿇고 부르짖으며 기도의 땀방울을 흘리는 동안, 하나님은 나를 위해 다른 선물을 준비하고 계셨던 것이다.

배우자를 찾고 만나는 과정에서 중요한 요소는 타이밍인 것 같다. 기도할 때 하나님은 바로 그 적절한 타이밍을 허락하신다. 그뿐 아니라 기도하는 사람에게 그 타이밍을 알아볼 수 있는 분별력을 허락해 주신다. 교제에 연이어 실패한 뒤 새벽기도회에 나가 배우자를 구하는 기도를 시작하였다. 잠시 만나던 자매가 이전에 교제한 형제를 다시 만나겠다며 내게 작별을 고한 것이다. 하필이면 이전에 교제했던 자매가 내게 다시 만나자고 하는 것을 막 거절한 직후였다. 그야말로 최악의 타이밍이었다. 이 무렵부터 시작된 나의 새벽기도는 첫마디가 "에이씨"였다.

"에이씨! 하나님, 이게 뭡니까? 대체 왜 일이 이 지경이 되게 하신 거예요? 에효, 정말 왜 이렇게 되는 일이 없냐고…. 저 결혼 안 시키실 거예요? 나름 노력했잖아요! 근데, 왜 안 되는 겁니까?"

당시 나와 함께 새벽기도를 하던 동료는 나 때문에 웃음이 나서 도저히 기도를 할 수가 없었다는 후문이 있다. 지금 생각해 보면 참 우스운 얘기지만, 그만큼 나는 기도할 때 매우 솔직했다. 교제에 실패하고 쓰라린 마음으로 하나님께 나아간 그 시간 동안은 적나라할 만큼 정직하게 아뢰었고, 하나님의 임재를 뜨겁게 경험했다. 신기한 것은, 결혼을 위한 배우자 기도가 깊어질수록 내가 원하는 배우자 조건에서 포기할 것들만 늘어갔다. 기도할수록 나의 모습, 나의 실체를 발견하게 된 것이다.

❦ ❦ ❦ ❦ ❦ ❦

결혼 후, 아내에게 들은 수십 가지 배우자 기도 제목 중 첫째는 '신앙 안에서 자유로운 사람'이었다. 그래서 아내에게 물었다.

"그런데 당신은 대체 내 신앙의 자유를 어디서 봤는데?"

내 물음에 아내는 선교한국대회 중보기도팀에서 보았다고 한다. 기도를 인도할 때는 깊이 있고 진지하지만, 쉬는 시간에는 개구쟁이처럼 뛰노는 모습이 그랬단다. 자그마한 교회 장로님 가정의 큰딸로 자란 아내는 규율에서 벗어나 본 적이 없어서 나의 자유로운 행동이 내심 부러웠던 모양이다. 어린 시절부터 꿈꾸어 왔던 자유에 대한 동경 때문에 나에게 관심을 갖게 된 것이다.

하나님은 이렇듯 내가 전혀 예상치 못한 지점에서 기도 응답을 준비해 놓으시고 은혜를 베풀어 주셨다. '새벽마다 투정부리는 기도를 드리며 무례하게 나아간 저를 불쌍히 여겨 주시고 신실하게 응답해 주신 하나님, 사랑합니다. 그리고 그때 욕해서 정말 죄송합니다.'

이제는 예전처럼 욕은 하지 않지만, 지금도 가끔은 하나님께 불평하는 기도를 드린다. 이 고단한 인생길에 사랑이 풍성하신 하나님께 불평을 하지 않으면 누구에게 하겠는가? 그 하나님은 이런 나를 지금도 있는 모습 그대로 받아 주고 계신다.

4장
엉망진창 결혼생활

결혼하고서 한참 지난 어느 날이었다. 인생의 멘토로 늘 존경해 오던 한 선배님이 우리 집을 방문하여 하룻밤 묵어가게 되었다. 함께 저녁 식사를 하며 대화가 시작되었는데, 나는 아내의 낯선 모습에 놀라움을 금치 못했다. 아내는 그간 수많은 말들을 쌓아두었다는 듯 쉴 새 없이 이야기를 쏟아냈다. 그 말들은 비집고 나올 틈을 엿보다 때를 만나 물밀 듯 새어 나오는 것 같았다. 식사가 끝나고 나는 조용히 선배에게 물었다.

"아내가 평소에는 저렇게 말을 많이 하지 않는데, 대체 어떻게 하신 거예요?"

"자매는 두세 시간은 뜸이 들어야 말을 하는 분이에요. 분위기를 편안하게 만들어 주고 말 한마디에도 귀기울여 주어야 속 이야기를 꺼내는 타입이시죠. 속 깊은 대화를 원한다면 사모님이 그냥 꺼내는 한마디에도 잘 듣고 있다는 반응을 보이고, 제일 중요한 건 충분히 기다려 주시는 거예요."

언제 어디서나 하고 싶은 말은 거침없이 하는 나와는 정말 다른 사람이 내 아내였다. 퇴근하면 아내의 이야기를 듣기는커녕 내 할 일을 먼저 하고 아이들과 잠시 놀아 주고선 녹초가 되어 잠자리에 드는 생활을 반복하던 내게, 아내는 하고 싶은 말을 꺼낼 기회조차 얻지 못했다. 아니, 그 기회를 엿볼 욕구조차 억누른 것인지도 모른다.

신혼 초의 일이다. 막 잠자리에 들려는 찰나, 아내가 갑자기 울음을 터트렸다. 저녁 시간에 별다른 일이 없었기에 나는 적잖이 당황했다. "여보, 내가 뭘 잘못해서 그래? 무조건 용서해 줘." 막무가내로 빌어도 아내는 울기만 했다. 나는 여자가 우는 것을 잘 참지 못하는 편이다. 통제되지 않는 눈물에 부아가 치밀어 오른다. 아내가 울면 나 자신이 무기력해지는 기분이 들어 이내 분노가 나를 사로잡았다.

심각하게 용서를 구하는 나에게 아내는 너무도 싱거운 답을 했다.
"당신, 또 먼저 잘 거잖아!"

아니 자려고 누운 이 시간에 이 무슨 봉창 두들기는 소리인가. 다 그치듯 묻자 아내는 눈물을 닦으며 자초지종을 말하기 시작했다. 결혼하고서 한 달 동안 잠자리에 들 때마다 남편에게 말을 걸었는데, 남편이란 사람은 베개에 머리가 닿자마자 바로 곯아떨어지고 말더란다. 종일 남편을 기다리며 대화를 나누고 싶었던 아내는 괜스레 우울해졌다고 한다. 그렇다고 곤히 잠든 사람을 차마 깨울 수는 없고, 이런 일이 한 달 내내 되풀이되다 보니 그만 자기도 모르게 울음이 터지고 만 것이다.

나는 친밀함을 잘 표현하지 못하는 성격을 타고났나 보다. 마음은 전혀 그렇지 않은데 정작 가장 친밀한 관계를 맺어야 하는 사람에게는 제대로 표현하지를 못한다. 아내와 단둘이 앉아 있으면 왠지 모르게 답답해진다. 뭔가를 해야 하는데 아무것도 하지 않고 가만히 있는 것을 어려워하는 성격 때문이었다. 그래서 아내에게 자주 하던 말이 "빨리빨리"였다. "요점만 말해 줘요"라며 수시로 채근하기도 했다. 충분히 대화를 하기도 전에 앞서 판단하고 정리하고 일어서는 나의 성급함을 보며 아내는 자신의 마음을 전할 수 없었으리라.

이렇듯 나는 매사에 자기주장이 강하고 인격적으로도 거친 사람이었다. 반면 아내는 강한 주장이나 즉각적인 반응이 거의 없는 사람이었다. 그래서 내가 "당신 의견은 어때?", "뭐 해줄까?" 하고 물으면 아내는 언제나 "당신은 어때?", "난 당신이 좋아" 하고 대답했다. 직선적이고 솔직한 나는 그런 모호한 반응이 무척 갑갑했다. 질문을 하면 거기에 맞는 정확한 답을 해줘야지, 왜 이 여자는 되레 나에게 의견을 묻거나 "난 당신이 좋아"라는 말로 모호하게 대답하는 걸까. 나랑 대화를 하자는 건가 말자는 건가. 그럴 때면 내 사랑이 불러도 대답 없는 메아리처럼 느껴졌다. 나도 때로는 아내와 속 깊은 대화를 하고 싶었다. 그러나 내가 보기에 아내는 내게 바라는 것도 나와 하고픈 대화도 별로 없어 보였다. 건드리면 흠칫 놀라 발을 감추어 버리는 개조개처럼 아내는 자꾸 속으로만 움츠러드는 것 같았다.

언젠가 내가 좋아하는 신경림 시인의 "갈대"라는 시를 읽었다. 아내의 모습에 꼭 들어맞는 표현에 마음이 가라앉았다.

언제부턴가 갈대는 속으로
조용히 울고 있었다.

그런 어느 밤이었을 것이다. 갈대는
그의 온 몸이 흔들리고 있는 것을 알았다.

바람도 달빛도 아닌 것,
갈대는 저를 흔드는 것이 제 조용한 울음인 것을
까맣게 몰랐다.

산다는 것은 속으로 이렇게
조용히 울고 있는 것이란 것을
그는 몰랐다.

아내의 눈물을 이해하고 난 뒤부터 나는 하나님 앞에서 울기 시작했다. 하나님은 왜 내게 이런 답답한 여자를 주셨을까? 어느 날 우리 부부의 문제가 심각하다는 것을 깨닫고 기도하러 갔다. 내 멘토가 심각하게 일러준 말이 떠올랐다.

"병년 형제, 형제가 결혼한 자매는 세상에서 가장 온유한 자매예요. 주연 자매를 이해하기 시작하면 자신과 전혀 다른 사람에 대한 이해가 더 깊어질 거예요."

그날 밤 난 하나님께 부르짖었다. "형제의 문제를 고치려면 강산이 몇 번은 바뀌어야 할 겁니다"라는 말을 떠올리며 또 한 번 통곡했다.

"하나님, 왜 저랑 이렇게 안 맞는 부드러운 여자를 주셨어요"라며.

아내도 스스로 자신을 알아가고 자신을 발견해 가면서 내게 충고 한마디를 던졌다.

"당신은 왜 짜증을 내요?"

내게 처음으로 도전적인 말을 한 것이다. 그때 사소한 일들이 내 뜻대로 되지 않자 내가 성질을 부렸던 게 틀림없다. 화가 나면 대화로 풀기보다는 혼자 바람을 쐬러 나갔다 돌아오면서 아무 일도 없던 것처럼 행동하는 나를 아내는 훤히 꿰뚫어 보고 있었던 것이다. 이후로 아내는 한층 대담해져서 "또 삐쳤어요?"라며 날 놀리기도 했다.

※ ※ ※

결혼해서 우리 부부는 재정적인 어려움을 많이 겪었다. 출발도 넉넉지 않았지만 실은 규모에 맞지 않는 나의 헤픈 씀씀이 때문이었다. 빚지는 것을 무척이나 싫어하는 아내와 빚지는 것을 당연하게 여기는 남편은 자주 충돌할 수밖에 없었다. 아내는 신혼 초부터 가계부를 기록했는데, 어느 날 내게 가계부를 던지다시피 건네는 게 아닌가.

"나, 앞으로 가계부 안 쓸 거야. 이제 당신이 해요"

눈이 휘둥그레진 나는 따지듯 이유를 물었다.

"아무리 예산을 세워 놓아도 번번이 어기는 사람 때문에 소용이 없어요"

틀린 말이 아니었다. 아내는 택시비를 아끼려고 만삭의 무거운 몸을 이끌고 언덕길을 올라올 때, 남편은 설교에 늦었다고 택시를 타고 간다. 아내가 밥값을 아끼려 도시락 싸들고 다닐 때, 남편은 다른 사람 밥 사준다며 카드를 꺼내 폼 나게 긋지 않느냐는 항변이었다. 아내는 나의 소비 행태를 보지 않고도 속속들이 꿰뚫고 있었다. 규모 있는 삶을 내가 자꾸 망치기 때문에 자신은 더 이상 관여하지 않겠다고 선언한 것이다. 필요 이상 지출하고 뒷감당을 아내에 떠넘기는 무심한 남편에게 파산이 선고되었다.

　일에만 몰두하는 남편을 바라보며 아내는 얼마나 답답했을까. 가정을 이루고도 총각 시절 습관대로 살던 사람이 나였다. 아내를 삶의 동반자로 여기기보다는 마치 내 삶의 부속품처럼 여기지는 않았는가. 아내와의 약속을 쉽게 생각하고 재정을 함부로 사용한 것이다.

　우리는 멘토의 도움을 받으며 부부 관계의 어려움을 조금씩 함께 극복해 갔다. 둘만의 시간을 통해 더불어 사는 삶을 누리기 시작했고, 사람들을 초대하여 공동체를 경험하게 되었다. 아, 옛날이여! 지금 겪는 어려움에 비하면 그때 겪은 어려움이 훨씬 수월했다. 살아갈수록 삶의 무게가 가벼워지기를 바라는 것은 헛된 꿈이란 말인가.

5장
가정을 낳는 가정

　　　　　　　우리 집은 언제나 친구와 후배들로 북적거렸다. 자유로운 분위기의 처가와 무관심한 분위기의 본가 덕분에 별 어려움 없이 이웃과 친구 그리고 후배들이 드나들 수 있었다. 아내나 나나 사람을 워낙 좋아했고, 예수 안에서 서로 나누는 공동체에 대한 꿈이 있었기에 우리 집에 사람들이 찾아오고 머무는 것은 지극히 자연스러운 일이었다.

　그러나 하나님은 우리에게 결혼생활을 통하여 남을 섬기는 일에 앞서 부부간의 차이점을 발견하고 서로 섬기고 배우도록 훈련하셨다. 어찌 보면 결혼생활은 그런 섬김과 배움으로 이루어진 훈련의 장이었다. 아내는 사소한 물건이라도 쉽게 버리지 않았고, 빚지는 것도 무척이나 싫어했다. 반면 나는 돕고 싶은 사람이 있으면 빚을 내서라도 도와줘야 직성이 풀렸다. 그렇게 하는 것이 헌신하는 삶이라 생각했다.

아내와 나의 가장 큰 차이점은 사람을 대하는 태도였다. 아내는 소수의 사람들과 교제를 하지만 언제나 깊이 사귄다. 처음 만나면 무척 어색해하지만 시간이 흐를수록 친밀한 관계가 된다. 집에 사람을 데려오는 것은 나였지만, 먹이고 입히고 돌보고 결국 그들에게 위로가 되는 것은 아내였다. 이런 아내 덕분에 나는 사람들을 집에 데려가는 것을 주저하지 않았다. 아니, 데려와서 하룻밤만 묵고 가게 하는 것이 아니라 아예 같이 살기도 했다. 어느 날은 지나가는 나그네, 정말 일면식도 없는 사람까지 데려와서 재워 주었다. 결혼 초기에는 집 앞에 다 와서야 아내에게 손님과 함께 간다고 말한 적도 있었다. 어떤 경우는 아내만 당황하는 것이 아니라 함께 간 사람도 우리 집이 너무 좁은 것을 알고는 당황하여 어찌할 바를 몰라 했다. 그래도 우리 부부는 함께 사는 연수가 쌓일수록 서로의 차이점을 극복해 가고 있었다.

솔직히 고백하자면, 나는 가정생활이 뭔지 잘 몰랐다. 남편과 아버지로서 어떻게 해야 하는지 전혀 몰랐다. 무엇보다 내 자신이 건강한 가정에서 자라지 못했기 때문이라는 핑계를 대고 싶다. 나는 술주정뱅이 아버지, 모든 것을 참고 견디는 어머니, 그리고 서로에게 무관심한 형제들 속에서 자랐다. 아버지는 평소에는 별말씀이 없으셨지만, 술만 드시면 말씀을 길게 늘어놓곤 하셨다. 곡물상을 하셨던 아버지는 집에 가끔 들어오셨는데, 집에 계실 때면 언제나 술에 절어 지내셨다. 집안일보다는 사람들을 좋아하셔서 언제나 사람들과 어울리셨기 때문이다. 그런 아버지의 모습을 닮아서인지 나는 사람은 좋아하지만 가까운 식구들은 사랑할 줄 모르는 무심한 가장이었다.

반면, 아내는 조용히 다른 사람의 필요를 느끼고 살필 줄 아는 여자였다. 우리 집을 방문하는 사람들은 대개 처음에는 나의 소탈한 성품에 반해서 찾아온다. 어려움을 겪는 이들에 대한 긍휼이 많아 보이는 나에게 끌려서 온다. 그러나 사귐이 깊어질수록 사람들이 우리 집을 찾는 이유가 달라진다. 목사인 나 때문이 아니라 자기들을 진심으로 반기는 아내 때문에 오는 것이다. 그러다 보니 처음과 달리, 말없이 순수하게 다른 사람의 말을 귀담아 들어주고 마음 씀씀이가 깊은 아내를 찾아오는 사람들이 많아졌다. 한번은 우리 교회에서 신실한 동역자로 섬기고 있는 한 성도가 내게 이런 말을 하기도 했다.

"목사님, 그거 아세요? 목사님 때문에 이 교회에 나온 게 아니에요. 사모님 때문에 왔어요"

그만큼 아내는 사람들을 따뜻하게 품어 주었다.

사실 목사는 그 섬김과 사역이 두드러져 보이는 반면, 목사의 아내는 그 희생이나 섬김이 잘 드러나지 않고 오히려 단점만 노출되기 쉽다. 사람들을 집으로 들이거나 도와줄 때 남편의 아량이 드러나기는 쉽지만, 그 과정에서 아내의 희생이 부각되기란 쉽지 않다. 내 뜻과 의지만으로는 이런 섬김이란 애당초 가능한 일이 아니었다. 오로지 아내의 전적인 희생과 동의가 있었기에 가능했던 것이다.

우리 집에 와서 함께 살았던 사람들은 대부분 나만큼이나 힘든 가정에서 자랐다. 베트남전에서 살아 돌아왔지만 평생 고엽제로 고생하며 아직도 술만 드시면 전쟁놀이를 하는 아버지를 둔 자매도 있었다. 또 다른 자매는 동생이 셋이나 있는 맏이인데, 아버지가 가족을 버리고 도망간 가정에서 자랐다. 이들이 입버릇처럼 하던 말이 있다.

"목사님, 저는 절대 결혼 안 할 거예요. 그러니까 저한테 결혼하라고 하지 마세요."

나는 그들의 아픔을 안다. 그래서 절대 그들을 가르치려거나 설득하지 않는다. 대신 그들의 의견을 존중하면서 기다려 주는 게 우리 부부가 할 일이다. 결혼의 아름다움을 실제 보여 주면 되는 것이다.

우리 가족은 토요일 밤이면 거실에 동그랗게 모여 앉아 차를 마시며 두서너 시간씩 이야기꽃을 피웠다. 아내와 내가 한쪽에 나란히 앉고, 다른 친구들은 맞은편에 앉는다. 아내가 주로 내 이야기를 듣는 시간이 이때였다. 그 시간은 결혼을 두려워하는 청년들에게 우리 부부가 연기 아닌 연기를 보여 주는 시간이었다. 이런 교제와 배움의 시간을 통해 그들은 비로소 결혼은 아름다운 것이라는 소망을 갖게 되었다. 어머니만 고통당하는 결혼생활을 보아 온 그들이 아버지를 용서하고, 부모님의 실패한 결혼생활로부터 받은 상처를 치유하는 시간이기도 했다. 우리 집에 들어올 때만 해도 결혼하지 않겠다고 단언하던 자매들이 생각이 바뀌고 마음이 열리면서 달라졌다.

"목사님, 저 결혼하고 싶어요. 결혼할 거예요."

이렇게 바뀌는 데는 시간이 그리 오래 걸리지 않았다. 우리와 더불어 살면서 결혼생활의 진면목을 발견했기 때문이리라.

우리 가정이 믿음의 가정으로 자라갈수록 우리 집에 들어와 함께 살고 싶어 하는 청년들이 점차 늘어갔다. 우리와 함께 살다가 결혼을 해서 가정을 이루어 독립해 가는 청년들이 늘어가면서 생긴 자연스러운 현상이었다. 데이트 한번 제대로 할 줄 모르던 내가 한 자매를 만나 가정을 일구고 다른 이들의 인생을 도우며 함께 사는 법을 배웠다. 결혼생활이 가져다 준 크나큰 선물이었다. 자기 아내조차 제대로 사랑할 줄 모르던 내가 아내와의 거리를 좁혀 가며 믿음의 형제자매들과 한 공간에서 산다는 것은 놀라운 하나님의 섭리요 은혜였다.

6장
당신 덕분에
풍성한 삶

어느 날 아침 식사 자리였다.

"여보, 이거 먹어 보세요. 어때요?"

"응. 맛있어."

"이거는요? 어제 시장에서 샀는데, 아주머니가 손수 캐왔다는 싱싱한 산나물이에요."

"응."

슬슬 짜증이 나기 시작했다. 나는 하루 세 끼, 밥만 먹을 수 있으면 그만인 사람이다. 그저 밥 한 공기에 반찬 두어 가지면 족하다. 그런데 아내는 이것저것 만들어서 이것 먹어 보라 저것도 먹어 보라며 내가 반응해 주길 바란다. 처음에는 열심히 먹고 반응도 해주었다. 하지만 점점 부담이 생겼다. 먹는다는 데 의의가 있지, 무엇을 어떻게 먹는 데는 별 관심이 없는 나에게 대체 이 사람은 왜 이런 걸 바라는 거지? 더군다나 넉넉지 않은 우리 형편에 세 가지가 넘는 반찬이라니. 결국 내 뒤틀린 속사람이 튀어나오고 말았다.

"돈도 없는 사람이 뭐 이렇게 사는 게 많아? 난 두 가지면 돼. 반찬 만들 시간 있으면 큐티나 해."

이렇듯 매정한 남편의 타박에 정성껏 식사 준비를 한 아내는 속울음을 삼켜야 했다. 아내의 손맛이 그리운 지금 생각해 보면 정말 한심하기 짝이 없는 모습이다.

하지만 부부로 살아갈수록 아내가 내 삶을 얼마나 풍성하게 하는 존재인지 하나둘씩 깨닫게 되었다. 도통 자신을 내세울 줄 모르는 아내에게는 아주 특별하고도 아름다운 재주가 있었다. 알록달록한 천을 사다가 재봉틀로 아이들 옷을 직접 만들어 입혔고, 교인들의 생일이나 기념일이면 커튼과 같은 생활 소품이나 장갑, 한복 같은 것을 만들어 세상에 단 하나뿐인 선물을 안겨 주곤 했다. 또 내가 집에 데려오는 사람들에게는 과일이나 야채즙을 넣은 밀가루 반죽을 손수 만들어, 당시에는 흔히 볼 수 없었던 삼색 칼국수를 대접하기도 했다. 그래서 우리 집에 오는 사람들은 저마다 "이 집에는 뭔가 색다른 게 있다"며 칭찬을 아끼지 않았다.

그러나 성미 급하고 실용적인 기능만 중시하는 나는 이런 아내의 애정 어린 수고를 대수롭지 않게 여길 때가 많았다. 심지어 그런 수고는 낭비이며, 그런 데 소비할 시간과 돈이 있으면 좀더 유용하게 써야 한다고 생각했다. 신혼 초에 아내가 손수 만든 커튼을 방안에 걸어 두자, 나는 "커튼은 그냥 빛만 가리면 돼. 밤에 잠이나 잘 자게"라며 다른 사람에게 선물로 주자고 했다.

나는 경건이라는 이름을 빙자해 내 삶을 전혀 가꿀 줄 몰랐다. 오직 하나님만 사랑하며 기도하고 성경 읽고 선교하는 것이 삶의 전부라고 생각했는지도 모른다. 실은 하나님을 사랑하는 것은 다른 사람들을 사랑하는 것인데 나는 그걸 몰랐다. 그러던 내가 아내를 통해 사랑은 다른 사람을 풍성하게 채우는 것임을 깨닫게 되었다. 또한 진정한 사랑은 개인의 고유한 성품을 억누르지 않는다는 것을. 오랫동안 나는 사랑이란 자신을 온전히 버리고 희생하는 것이며, 그 희생이란 나의 고유한 개성마저 모두 포기하는 것이라 착각하며 살았다. 그러나 참 사랑은 자아를 상실하지 않고 자기 속에서 나오는 풍성함을 다른 사람의 필요를 위해 나누는 것임을 아내 덕분에 깨닫게 되었다.

"네 이웃을 네 몸같이 사랑하라"는 말씀이 있다. 이웃을 진정으로 사랑하는 자는 먼저 자기를 사랑할 줄 아는 사람이다. 자기를 사랑할 줄 모르는 사람은 이웃을 사랑할 줄 모른다. 건강한 자아를 가진 사람이 이웃을 온전히 사랑할 수 있기 때문이다.

돌이켜 보니 하나님은 나의 빈약한 삶을 아내의 섬김을 통해 풍성한 삶으로 바꾸어 가셨고, "난 당신만 있으면 돼"라며 끊임없이 나를 인정해 주고 용납해 주는 아내를 통해 나를 온전케 하셨다. 아내에게는 결혼하고 나서 남편을 받아들이는 과정이 따로 필요하지 않았다. 처음부터 자기가 선택한 대상을 사랑하기로 마음먹었고, 그렇게 끝까지 사랑하며 살기로 결단했기 때문이다.

그러나 내가 이런 사랑의 참모습을 부부 사이에서 발견하기까지는 꽤 오랜 시간이 걸렸다. 아내를 있는 모습 그대로 인정하고 존중하기 시작한 것은 결혼 후 5, 6년이 지나서였다. 화려하지는 않아도 무엇이든 만들어 낼 수 있고, 사람들의 필요를 알고 그들과 함께하는 것을 좋아하며, 삶의 풍성한 아름다움을 누릴 줄 아는 아내. 이런 아내가 참 존경스럽고 멋진 사람이란 것을 알게 된 것은 꽤 많은 시간이 흐른 뒤였다. 그것을 새삼 깨달아 갈수록 가슴이 아프다. 아내가 얼마나 사랑스러운 존재인지 마음껏 표현해 주고 싶은데 너무 늦어 버린 것만 같아서….

반면, 아내는 나를 무척이나 사랑한 사람이다. 내가 출근하면서 장난삼아 "돈 많이 벌어 올게"라고 말한 적은 있어도, 아내는 내게 단 한 번도 그런 말을 한 적이 없다. 내가 아무리 밤늦게 귀가해도 자다가 벌떡 일어나 "왔어? 난 당신이 좋아" 하며 나를 반겨 주었다.

"난 당신이 좋다."

이 말은 내가 결혼생활을 시작하면서부터 아내가 말을 못하는 오늘날까지도 듣는 말이다. 단지 지금은 "당신, 나 사랑해?"라는 남편의 질문에 눈꺼풀을 깜빡여서 응답하는 차이만 있을 뿐이다. 아내에게 항상 듣던 이 말의 의미를 10년이 지난 지금에서야 비로소 깨닫게 되었다. 이제 내가 아내에게 "난 당신이 좋아"라고 삶으로 고백해야 할 차례가 되었다.

나의 삶을 풍성하고도 아름답게 가꿔 준 아내, 이제 내가 그녀를 더욱 아름답고 풍성하게 가꿔 주리라. 나의 연약함을 스스로 잘 알기에 별로 자신은 없지만 그래도 도전해 보려고 한다. 늘상 받기만 하던 삶에서 주는 삶으로, 말로만 하던 사랑에서 온몸으로 섬기는 사랑으로.

2부
깨어나도 식물인간입니다

7장
난 보호자가 아니에요

"서주연 씨 보호자분이 누구십니까?"
"접니다."
"이리로 오십시오. 여기에 사인을 하셔야 합니다."

그날, 그러니까 2005년 8월 10일. 아내가 쓰러진 뒤 나는 순식간에 배우자에서 보호자로 호칭이 바뀌었다.

"보호자분이 누구십니까?" 이 말이 병원에서 내가 제일 두려워하는 말이다. 보호자라고 나서니 한참 동안 친절하게 진료 계획과 앞으로 일어날 수 있는 최악의 상황을 알려준다.

아내의 진단 결과는 뇌경색! 숨골 주변에서 혈관이 막혔다고 한다. 하필 가장 치명적이고 위험한 곳이다. 뇌의 온도가 상승해서 단백질로 구성된 중뇌가 녹았다고 한다. 경황이 없었다. 우선은 혈관으로 기계를 집어넣어 혈관을 뚫는 수술을 할 것이라고 한다. 그래도 뇌의 온도가 떨어지지 않으면 2차 수술로 두개골의 일부를 잘라내야 된다고. 뇌압을 줄여 주는 시술이었다. 한자리에서 두 번 연거푸 수술을 해야 한다. 뇌는 대부분 단백질로 구성되어 있어서 온도가 조금만 높아져도 모두 녹아내리기 때문에 뇌압까지 높아지면 더는 손을 쓸 수 없는 상태가 된다고 한다. 담당 의사는 담담한 어조로 이렇게 말했다.

"물론, 최악의 경우에 그렇습니다."

그런데 그 최악의 경우가 지금 내 아내에게 일어나고 있었다.

설명을 다 들은 우리 가족은 정말 힘든 결정을 내려야 했다. 무엇보다 내가 결정해야 했다. 장모님은 눈물을 흘리며 말씀하셨다.

"우리 딸, 수술은 안 돼. 그냥 교회로 데려가자. 본당에 두고 기도하자."

"어머니, 의술도 하나님이 주신 선물이잖아요"

어렵게 말을 꺼낸 내 얘기에 장모님도 쉽지 물러서지 않으시고 애원하셨다.

"깨어나도 식물인간이라잖아. 내 딸이 그런 꼴로 사는 건 못 봐. 그러니 교회로 데려가서 기도로 일으키자. 응? 내가 이렇게 부탁할게."

장모님과 내가 한치의 양보 없는 실랑이를 벌이고 있는 동안, 어느

새 병원에서 근무하는 처제가 왔다.

"무슨 소리야? 당연히 수술해야지. 형부가 알아서 하세요"

이렇게 말하고 급히 사라졌다. 알아서 하라는 말에 나는 또 울컥했다.

'내가 뭘 알아야 하지. 난 아무것도 모르는데? 의사들이 사용하는 단어 하나도 제대로 이해하지 못하는데 뭘 어떻게 하라는 말인가.'

담당 의사는 빨리 결정하라고 재촉했다. 의사가 던져 준 숙제는 정말 난해했다. 100퍼센트 낫는다는 확신을 주어도 그런 큰 수술을 결정하기란 쉽지 않은데, 식물인간이 될 거라고 단정하면서 자신들에게 수술을 맡기라고 한다. 내가 할 수 있는 선택이란, 장애를 입은 아내와 함께 살 것인지 아니면 아내의 죽음을 받아들일 것인지 둘 중 하나다.

※ ※ ※ ※ ※ ※

'보호자'라는 말은 얼마나 공허한 말인지.

"내가 뭘 보호할 수 있다는 말인가. 아는 게 없는데, 도대체 무슨 일이 일어난 건지, 앞으로 어떤 일이 일어날지도 모르는데…"

사인하라는 말에 무력감만 몰려왔다. 난 속으로 외쳤다.

'난 보호자가 아니에요! 하나님, 당신이 보호자시잖아요! 어떻게

좀 해주세요!'

나는 속으로 소리를 지르며 수술실 벽을 발로 걷어찼다. 또 손으로 벽을 내리쳤다. 손바닥이 아파왔다. 통증은 금세 사라졌지만, 수술 여부를 결정해야 하는 내 마음은 시간이 지날수록 더 아팠다. 뇌에 대해서, 수술에 대해서 아무것도 모르는 내가 결정을 해야 한다니.

'아! 정말 외롭다. 이런 결정은 누가 대신 해주었으면 좋겠다.'

그분이 생각난다. 믿음의 선배, 동역자요 후원자로 함께하며 나를 가장 사랑해 주셨던 분, 혈육은 아니지만 나에게는 아버지와 같은 그분이 보고 싶다. 그분이라면 내 대신 결정을 내려 주실 것 같다. 그러나 지금은 그분도 멀리 해외에 계신 것을….

"빨리 결정하세요. 늦을수록 환자는 더 망가집니다."

상념에 빠져들 여유가 없다는 듯 담당 의사는 다그쳤다. '늦을수록'이란 말에 숨이 가빠지고 마음이 조급해졌다.

'그래, 호흡이라도 하는 상태로 사는 것을 받아들이자. 더 이상 기대하지 말자. 식물인간도 인간이잖아. 식물인간이라 해서 아내가 사라지는 건 아니지. 단지 존재하는 방식이 달라지는 것일 뿐. 걸으면서 살다가 멈추어 살 뿐이다.' 혼란스럽지만 이런 질문과 답을 마음속으로 되풀이하며 천천히 도장을 찍었다. 이름뿐인 보호자, 아무 능력 없는 보호자로서.

"수술하시죠"라는 나의 짧은 한마디에 의사는 "예" 하고는 분주해졌다. 수술하지 않고 기도로 해결하자시던 장모님은 대성통곡을 하며 기도원으로 떠나셨다. 절망이란 말로는 부족했다. "하나님, 대체 어디 계세요? 난 보호자가 아니에요. 당신이 보호자시잖아요 이렇게 힘들고 어려운데 대체 어디에 숨어 계신거냐고요!" 그 순간엔 정말 하나님이 미웠다.

8장
중환자실 앞에서

　새벽 1시, 아내를 수술실에 들여보내고 는 복도를 계속 서성였다. 복도 양끝을 오가는 그 부질없는 발걸음이 앞으로 펼쳐질 내 삶의 예고편이었다는 것을 그때는 알지 못했다. 그렇게 앞뒤가 꽉 막힌 길을 단순하게 오가고 또 오가야 하는 삶이 시작되었다. 불길한 예감이 현실로 드러나는 그 순간, 나는 휘몰아치는 비바람 속의 가녀린 잎새마냥 불안에 떨고 있었다.

　수술은 성공적이었다. 성공적이라 해도 식물인간이었다. 수술실에서 나온 아내는 온몸에 호스를 꽂고 나온 갓난아이 같아 보였다. 의식은 없지만 강한 생명력을 지닌 존재, 마치 너른 광야에 피어난 여린 풀잎 같았다.

끝이 보이지 않는 중환자실 생활이 시작되었다. 중환자실은 마치 요단 강과 같았다. 삶과 죽음의 갈림길. 우리가 그 갈림길을 구분할 수 있는 방법은 단 하나였다. 환자가 흰색 이불을 머리 끝까지 덮고 나오느냐, 목까지만 덮고 나오느냐. 매번 느끼는 것이지만 중환자실의 공기는 몹시 차가웠다.

※ ※ ※ ※ ※ ※

내 아내 서주연. 크게 아픈 적 한 번 없던 건강한 30대 여성이 적막한 중환자실에서 온몸에 호스를 꽂은 채 고독한 사투를 벌이고 있었다. 뙤약볕이 내리쬐는 한여름이었지만, 아내가 중환자실의 싸늘한 기운에 덜덜 떨고 있는 것 같아 자꾸만 두툼한 이불을 덮어 주고 싶었다.

아내가 쓰러지기 전, 딱히 의미심장한 대화 한번 나누지 못한 게 못내 아쉬웠다.

'쓰러질 거면 미리 좀 알려줄 것이지. 이럴 줄 알았으면 당신 좋아하는 말 한마디라도 제대로 해주었을 것 아냐.' 밖으로 토해 내지 못한 수만 가지 말들이 빙빙 돌다 마음속 한켠에 꼭 들러붙었다.

중환자실에 있는 아내를 만날 수 있는 기회는 하루에 단 두 번, 내게 주어진 시간은 20분이었다. 병실 바깥에서 온종일 애태우며 기다리다 들어간 20분의 시간 동안, 특별히 할 수 있는 거라곤 아무것도 없었다. 아내 곁에서 성경을 읽어 주고 아내의 이마에 손을 얹고 기도하는 것뿐. 아, 또 하나 있었다. 바로 우는 일이다. 슬픔에 사무쳐 정말 많이 울었다. 중환자실에서 굵은 눈물방울을 뚝뚝 떨어뜨리는 것이 경망스럽긴 하나 내가 우는 걸 다 받아 줄 사람은 아내뿐이었다.

처음 중환자실에서 아내를 만났을 때, 내 가슴을 무너지게 한 것은 아내가 단 한마디도 할 수 없다는 사실이었다. 평소에 그리도 쉽게 주고받던 일상적인 말 한마디만 들어도 여한이 없을 것 같은데, 아내는 그 한마디를 뱉어 주지 않았.

"여보, 한마디만 해 봐."

"여보, 눈 한번 깜빡여 봐."

수십 번 간청해도 아무런 반응이 없었다. 남편의 애원에 응답하는 것은 아내의 심장박동수를 재는 기계뿐이었다. 삐-삐-삐-. 사람이 품고 있는 생명력은 '한마디', '한번'의 대답으로 가늠할 수 있다는 것을 그제야 깨달았다. 죽어가는 사람을 두고 "당신 살아 있어요?"라고 물을 때, 눈꺼풀이라도 깜빡이며 대답하는 사람은 아직 생명을 유지하고 있다고 선언하는 것이다. 눈꺼풀 한번의 깜박거림으로도 답할 수 없는 것이 바로 죽음이구나. 중환자실에 들어설 때마다 이런 생각이 나를 엄습해 왔다.

하루는 한의사로 일하는 친한 선배가 병문안을 왔다.

"한의학에서 '풍'(風) 자가 들어가는 병은 원인도 모르고, 진행되는 과정도 모르고, 언제 끝날지도 모르는 거야. 그러니 너무 조급하게 생각하지 말고, 잘 견뎌야 해."

아내가 걸린 병도 중풍에 속하는 뇌경색이다. 원인도 과정도 결과도 기간도 알 수 없다는 말을 들으며 마음을 다잡았다. 무조건 기다려야 하는 일. 이제부터 시작이다.

저녁 면회를 마치고 나오는데 눈물이 왈칵 솟구쳤다. 울음을 삼키느라 목이 멘 채 나지막히 큰딸을 불렀다.

"윤영아, 이제 집에 가자."

아빠의 갈라지는 목소리를 알아차린 딸이 물었다.

"아빠, 울어?"

"응." 나는 짧게 대답했다.

"아빠, 울지 마. 우리가 잘할게…" 딸은 뜬금없는 말로 아빠를 달랬다.

"윤영아, 너희가 잘못해서 우는 게 아니야. 아빠 마음이 아파서 우는 거야." 아빠의 울음이 자기들 때문이라고 생각하는 딸에게 한없이 미안했다.

"엄마 때문에?" 딸이 다시 물었다.
"응…."

※※※※※※※

하염없이 쏟아지는 눈물로 며칠을 정신없이 보내고 나니, 아내가 쓰러지고 처음 맞는 주일 새벽이었다. 울다 지친 내 마음에 갑자기 찬양이 울려 퍼졌다.

주 품에 품으소서.
능력의 팔로 덮으소서.
거친 파도 날 향해 와도
주와 함께 날아오르리.
폭풍 가운데 나의 영혼
잠잠하게 주를 브리라.

파도 속에 빠진 사람은 살기 위해 고개를 위로 쳐든다. 물고기가 아닌 이상 거친 파도를 보고 물 속으로 들어가는 사람은 없다. 파도가 밀려오면 고개를 들고 숨을 쉬려고 필사적으로 노력한다. 그러다 힘이 빠지면 서서히 가라앉고 만다. 존재가 사라지는 것이다.

찬송을 부르며 나는 깨달았다. '그래, 위를 쳐다보지 않으면 죽는 것이로구나. 주님만 바라보라고 하시는구나.' 거친 파도가 잠잠해져야 하는데, 그저 주님만 바라보라고만 하신다. 폭풍을 없애 주겠다는 약속을 기대했는데, 주와 함께 날아오르라고 하신다. 다시 아픔이 밀려온다. 언제 끝날지 모를 이 고통을 품으라고 말씀하신다.

9장
부르짖으라

장모님은 딸이 쓰러지자 곧바로 기도원으로 달려가셨다. 사흘간의 금식 기도 끝에 얼굴은 수척해지셨지만 표정은 밝아 보이셨다.

"감사해라. 네 딸은 다 나았다."

아, 막힌 혈관이 뻥 뚫린 듯 속 시원한 응답을 받아 오신 것이다. 다 나았다니, 이 얼마나 기다리던 답인가.

나 역시 장모님의 권유에 따라 하나님께 대달리기 위해 기도원으로 향했다. 금식 기도원은 내게 익숙한 곳이 아니었다. 그래도 절박한 심정에 아내를 일으켜야 한다는 사명감으로 무조건 부르짖었다. 목회자들에게 따로 내주는 방을 마다하고, 본당에서 새우잠을 자며 기도했다. 조금이라도 더 불편한 환경에서 기도해야 마음이 편할 것 같았기 때문이다.

금식 기도원은 천국이랄까 지옥이랄까. 천국이라 하기엔 고통에 찬 신음소리가 너무 많고, 지옥이라 하기엔 수많은 성령의 역사를 설명할 길이 없다. 그곳엔 세상의 온갖 고통에 떠밀려 온 사람들로 가득했다. 오랜 질병으로 오갈 데 없는 사람들, 사업 실패로 빚더미에 앉은 사람들, 가족과의 관계가 완전히 무너진 사람들, 영적으로나 정신적으로 혼미한 사람들, 그리고 그들의 고통을 틈타 돈을 훔치려는 도둑들까지. 고통으로 얼룩진 인생을 이곳에서 성령으로 씻음 받기 원하는 이들.

그들의 애끊는 부르짖음은 마음을 찢고 또 찢게 만들었다. 가슴 저 밑바닥부터 첩첩이 쌓인 고통과 애환을 모두 토해 내는 그들의 통곡과 절규가 내 마음을 헤집고 지나간다. 그들의 애절함이 내 가슴을 갈기갈기 찢어 놓았다.

※ ※ ※ ※ ※ ※

나도 아내를 일으키려는 애타는 마음으로 20일 작정기도를 시작했다. 실은 장모님의 한마디가 결정적인 계기가 되었다. "뭐가 겁나서 금식 기도를 안 하는가? 금식하면 능력도 받고 아내도 일으킬 텐데."

매일 마지막 집회가 끝나면 돗자리를 들고 산 위로 올라가 정자 밑에 자리를 잡았다. 시원한 초여름 바람이 불어서 다행히 모기는 없다. 이곳저곳에서 기도 소리가 들린다. 랄랄랄랄라… 각종 방언이 속사포처럼 터진다. 나는 원래 소리내어 하는 기도보다 묵상 기도에 익숙한 사람이다. 성경을 읽을 만한 불빛도 없기 때문에 가사를 아는 찬송이 아니고서는 집중해서 부를 수가 없었다.

에라, 모르겠다. 마음속에 찾아오는 두려움부터 몰아내자 싶어 냅다 소리를 질렀다.

"주여—!"

창자가 꼬이고 뱃가죽이 당기도록 소리를 지르고 또 질렀다.

산 기도를 가보면 제대로 된 언어나 문장으로 기도하는 사람이 드물다. 방언이나 아주 짧은 외마디 기도를 절박하게 되풀이한다. 반복하고 또 반복해도 간절함 때문에 기도를 멈출 수가 없다. 부르짖다 못해 '부르찢는' 기도는 삶의 고통이 마음을 할퀼 때 터져 나온다. 구하는 것이 명료하다. 기도에 미사여구나 군더더기가 있을 수 없다.

월요일부터 금요일 밤까지 산 기도를 했지만 아무런 응답을 받지 못했다. 시간이 지날수록 목은 아파 왔고, 끼니를 끊은 몸은 기력이 쇠해 갔다. 허탈했다. '뭐가 응답일까? 아무런 대답을 듣지 못한 이 순간이 기도 응답인가?' 혼란스러웠다. 그렇다(yes), 아니다(no), 기다려라(wait). 이렇게 기도 응답을 세 가지로 받는다고 배웠는데, 내 경우는 어디에 속하는 걸까? 목이 터져라 부르짖었다는 자부심은 있지만, 응답을 받지 못했다는 허전함과 혼란스러운 마음이 들었다. 그렇게 어두운 밤이 지나고 토요일 새벽이 되자 드디어 자리를 박차고 일어났다.

그런데 일어서는 순간 그분이 내게 말을 걸어오셨다.

'병년아, 나는 네 안에 있다. 너의 우편에, 좌편에 그리고 앞뒤, 위아래에 어디든지 다 있단다. 내가 너를 보고 있다. 너의 소리를 다 들었다.'

갑자기 내 마음에 강한 거부감이 들었다. 그래서 아주 퉁명스럽게 받아쳤다.

"하나님, 뭐 이런 답을 주십니까? 제 안에 계시면 뭐하는데요. 제 이야기를 들으셨다면 뭘 좀 하셔야죠. 그냥 듣고만 계시면 어떡합니까?"

정말 그 순간에는 '나는 네 안에 있다'는 말씀이 싫었다. 상황을 바꿔 달라고 여기까지 왔는데, 하나님은 언제나 나와 함께한다는 말씀만 되풀이하시는 것 같았다. 나와 함께하신다는 말씀은 위로가 되지 않았다. 적어도 그때는.

기도원에 오는 설교자는 대부분 부흥사들이다. 그들은 대부분 고난을 이겨낸 은혜의 표지를 가지고 있었다. 의사도 포기한 폐병 환자가 기도로 건강을 회복했다, 교회 건물이 무너졌는데 기도로 교회를 새롭게 건축했다는 등의 간증이 넘친다. "어려움을 당할 때 하나님을 만나면 모두 해결됩니다"라는 설교가 대부분이다.

"믿음으로 나가십시오!"

"아멘!!!"

"하나님은 반드시 응답해 주십니다!"

"아멘!!!"

"하나님을 사랑하십니까?"

"아멘!!!"

"하나님은 치료해 주시는 분이심을 믿습니까?"

"믿습니다!"

"여러분을 낫게 해주실 것을 믿습니까?"

"아멘!!!"

'아멘' 소리가 하늘을 찌르고 땅을 뒤흔든다. 인간의 힘으로는 도저히 돌이킬 수 없는 상황에 처한 이들은 이렇듯 하나님의 기적을, 하나님의 초자연적인 능력을 사모하며 갈구한다. 오직 상황을 바꾸시고 어려움에서 건져내 주시도록 몸과 마음을 다해 간구한다.

9. 부르짖으라

그렇게 기도를 이어가던 어느 날, 목사님이 설교 후 강단에서 내려가실 때 나는 재빨리 그분께 달려갔다. 다른 분은 몰라도 이분께는 꼭 안수 기도를 받고 싶었다. 안수 기도는 하시지 않는다는 분을 붙들고 통사정해서 기도를 받았다. 자원해서 안수 기도를 받기는 난생 처음이었다.

"어떻게 기도해 드릴까요?"

"엘리사가 가졌던 능력의 일곱 배를 달라고 기도해 주십시오"

나는 다른 것을 바라지 않았다. 그 정도의 능력만 있으면 분명 아내를 일으킬 수 있을 것 같았다. 금식을 하면서 나날이 피골이 상접해 갔지만 어쨌거나 아내가 일어날 것이라는 믿음을 가지고 끝까지 부르짖었다.

몇 차례의 금식 기도를 마친 후 하루 이틀, 한 달, 두 달이 지나갔다. 하나님이 내 기도를 듣고 계신다는 확신은 있는데, 왜 하나님은 아내를 일으키시지는 않는 걸까. 내 기도가 더 간절해져야 하는가. 내가 더 소리쳐야 하는가. 스스로 대답 없는 물음을 끊임없이 던지는 나날이었다.

이후 감사하게도 아내의 상태가 약간 호전되었다. 작은 변화였지만 희망을 주는 분명한 증거였다.

10장

병상에서 맞는
결혼 10주년

계절이 어떻게 지나갔는지도 모르게 어느덧 겨울이 성큼 다가왔다. 그즈음 아내에게 몇 가지 작은 변화들이 일어났다. 중환자실에서 일반병실로 옮겼다. 의사의 판정대로 여전히 식물인간 상태이지만, 드디어 그 차갑고 적막한 중환자실을 탈출한 것이다. 가족들이 자유로이 병실을 드나들며 마음껏 아내의 얼굴을 볼 수 있었다. 그것만으로도 감격해서 "할렐루야!"를 연신 외쳤다. 손목도, 몸도 많이 야위었지만, 나는 아내 얼굴을 어루만지며 감사 기도를 드렸다.

아내가 손가락과 눈썹으로 의사소통을 할 수 있게 된 것 또한 놀라운 기적이었다. 온 가족이 눈 한번 떠 보라고 그렇게 애원했건만, 눈을 뜨지는 못하고 대신 눈썹을 움직이기 시작했다. 이 작은 움직임만으로도 아내가 곧 일어나리란 희망의 불씨를 지피기에 충분했다. 너무 행복했다.

2005년 11월 11일, 아내가 쓰러진 지 93일째 되는 날이자 우리 부부의 결혼 10주년 기념일이었다. 10년이면 강산도 변한다는데, 결혼 10년 만에 나에게도 엄청난 변화가 찾아왔다.

그동안 우리는 결혼기념일마다 서로 선물을 주고받았다. 아홉 번이나 주고받은 선물들은 모두 아름답고 귀하고 예쁜 것들이었다. 그런데 열 번째 받은 선물은 내가 준비한 것도, 아내가 준비한 것도 아니었다. 이 선물은 오직 받은 사람이 가꾸어야만 아름다워지고, 받은 사람이 소중하게 여길 때에만 더욱 풍성해지는 미완의 선물이었다. 받고 싶지 않지만 버릴 수 없는 선물, 지금까지 받은 선물 중에 가장 형편없는 선물이지만 사랑을 연단하는 귀중한 선물. 그건 바로 아내의 연약함이라는 선물이었다.

10년 전 결혼할 때 우리도 여느 부부처럼 이런 서약을 했었다.

"아플 때나 건강할 때나 검은 머리가 파뿌리 될 때까지 서로를 지켜 주고…."

그런데 아플 때 지켜 주어야 할 그런 상황이 내게 불쑥 찾아왔다. 결혼 서약을 하는 순간, 앞으로 일어날 수도 있는 크고 작은 어려움

정도야 여상할 수 있지만, 불치병이나 언제 나을지 모를 병을 예상하기란 쉽지 않은 법. "10년 뒤 아내가 의식을 잃고 쓰러져 언제 일어날지 알 수 없는 상황이 될 것이다. 그러나 그러한 때도 지켜 주어야 한다"는 서약을 하며 담대히 결혼생활을 시작할 사람이 과연 몇이나 될까. 꿈에도 생각해 본 적 없는 일이 이렇게 현실로 다가와 다시금 결혼 서약의 의미를 곱씹어 보게 한다.

병실에 누워 있는 아내에게 귓속말로 "여보 사랑해. 오늘은 열 번째 맞는 우리 결혼기념일이야"라고 말했다. 아내가 우는 것 같았다. 내가 느끼기에는 그랬다. "당신과 내가 부부로 산 지 꼭 10년이 되는 해라니까." 말수가 적은 아내이지만 오늘만큼은 한마디 해줄 것만 같았다. 아내의 목소리가 정말 듣고 싶었다. "당신, 나 사랑해?"라고 물으면, 생글생글 웃으며 "응, 나도!"라고 말해 주던 아내가 그립다.

그날 밤, 잠든 아이들의 얼굴을 가만히 들여다보았다. 아내가 준 선물이 여기에 또 있다. 열두 살 먹은 큰딸이 눈에 들어온다. 엄마의 손길이 한창 필요한 나이인 아홉 살 때 엄마가 쓰러졌다. 자기가 힘든 것을 아빠 앞에서 숨기는 녀석이다. 며칠 전 딸아이에게 물었다.

"윤영아, 넌 언제 우니?"

"집에 아무도 없을 때요…."

마음이 아려 왔다. 윤영이는 스스로 감정을 조절하고 말도 골라가며 한다. 그런 딸의 모습이 더욱 안쓰럽다.

여섯 살짜리 아들. 철부지 같지만 마음이 따뜻한 녀석이다.

"오늘은 윤서가 기도하는 날이다. 기도하고 자자."

아무것도 모를 것 같은 아들 녀석에게 기도를 시켰다. 평소대로 "하나님 아버지, 우리 엄마 낫게 해주세요"라고 기도하고 마칠 줄 알았다. 헌데 녀석의 기도가 어찌나 길던지 깜짝 놀라지 않을 수 없었다.

"하나님, 엄마가 눈뜨게 해주시고, 입 열게 해주시고, 손 움직이게 해주시고, 발 움직이게 해주세요"

이렇게 조목조목 아뢰는 게 아닌가. 고통 속에서 어린 아들도 점차 자라가고 있었다. 제대로 말할 줄도 모르는 것 같던 녀석이 이렇게 멋진 기도를 하다니.

※ ※ ※ ※ ※

어느 날 윤서가 유치원에서 아이들을 괴롭힌다는 얘기를 들었다. 처음엔 '이 녀석을 단단히 혼내 줘야겠다'고 마음을 먹었다. 그런데 유치원에 가서 담임선생님을 만나 보니, 평소에는 잘 지내다가 엄마가 보고 싶을 때면 다른 아이들에게 심술을 부린다는 것이었다. 갑자기 서러움이 밀려왔다.

셋째는 여기에 없다. 우리 막내는 잘 있는지 궁금해하다가 그만 무거운 짐에 눌려서 잊기로 마음먹었다. 동생 가족에게 맡겼으니 더 이상 생각하지 말자. 셋째를 낳고 엄마 젖도 제대로 물려 보지 못하고 동생네로 보낼 수밖에 없었다. 이 밤에 막내가 보고 싶다. 그 녀석도 힘들겠지….

아이들이 모두 잠든 후 식탁에 앉아 조용히 성경을 폈다. 아내가 아프고 난 뒤부터 시편을 더욱 사랑하게 되었다. 내가 처한 상황과 비슷한 구절이 너무 많아 자주 묵상하게 되었다. 다윗은 얼마나 힘들었을까. 시편 구석구석에서 다윗이 짊어졌던 삶의 무게가 고스란히 느껴진다. 응답의 말씀으로 받은 구절도 시편에 있다.

"그의 마음의 소원을 들어 주셨으며 그의 입술의 요구를 거절하지 아니하셨나이다"(시편 21:2).

시편 23편을 폈다. 잔잔한 물가, 먹을 수 있는 풀 그리고 인도하시는 목자가 있다. 누이고, 쉬게 하시며, 이끌어 주신다. 아내가 아프기 전에는 여기서 묵상이 끝났던 것 같다. 그러나 그날 밤에 만난 시편 23편은 달랐다.

"사망의 음침한 골짜기를 다닐지라도…."

"원수의 목전에서…."

두 구절이 눈에 확 띄었다. 만일 이것이 한 사람의 인생에 나타나는 일들이라면, 순차적으로 만나는 사건이라면…. 갑자기 인생이 달라 보였다. 삶에는 푸른 풀밭과 마실 수 있는 물이 있다. 하지만 마실 수 없는 물을 마시며 살아야 할 때도 있다. 잔잔한 물가도 있지만, 생명을 앗아갈 듯 덮치는 파도도 있다. 평생 우정을 나누며 사는 친구가 있는가 하면, 친구가 원수가 되어 버리는 것도 현실이다. 양을 푸른 풀밭으로 인도하시는 것도 목자이지만, 양이 사망의 골짜기로 다닐 때 가장 가까이에서 안위하시는 것도 목자다. 음침한 골짜기에서는 오히려 더 가까이 다가와 인도하신다. 갑자기 불어닥친 삶의 폭풍이 내 삶의 울타리를 무너뜨렸지만, 하나님의 임재는 그 무너진 방어벽을 넘어 내게 더욱 가까이 임했다.

늦은 밤 처제에게서 뜻밖의 전화가 왔다.

"형부, 오늘 결혼 10주년이죠? 정말 축하해요"

이날 아무도 내게 선뜻 건네지 못한 축하 인사를 처제가 해주었다. 결혼의 기쁨이 삶의 슬픔에 가려져 있기에 아무도 내 앞에서 결혼기념일 이야기를 꺼내지 못했나 보다. 그러나 나는 이 슬픔을 밀고 나갈 기쁨의 힘을 서서히 발견하기 시작했다. 날마다 내 삶을 채워 주는 작은 기적들을 통해.

11장
첫 번째 퇴원

　2005년 12월, 아내는 병원에 입원한 지 4개월 만에 드디어 퇴원을 했다. 담당의사는 요양병원으로 옮기라고 설득했지만, 나는 개척한 교회에서 하나님의 역사를 보고 싶은 마음에 아내를 교회로 데려왔다. 교회 3층에 있는 방 하나를 수리해서 아내를 위한 작은 공간을 마련했다. 난방도 잘 되고, 화장실도 바로 앞에 있고, 외부와 적당히 분리도 되고, 식사도 가능하기 때문에 이보다 적합한 장소는 없는 것 같았다.

　아내는 새로운 환경이 마음에 들었는지 몇 가지 긍정적인 반응을 보였다. 여전히 몸은 전혀 움직일 수는 없는 상태지만 가끔씩 손가락을 까딱하거나 눈썹으로 분명한 의사 표시를 해 보이곤 했다. 그러나 윤서의 기도처럼 눈이 뜨이고 입이 열리고 손발이 움직이기까지는 아직 좀더 많은 시간이 필요해 보였다.

　아내에게 큰 차도는 없었지만 약속하신 그분이 반드시 일으키실 것을 소망하며 기다렸다. 아직 손가락의 움직임은 둔하지만, 아내는 조금씩 표정에 변화를 보였고 웃기면 웃고 울리면 우는 모습을 보였다. 미미하게나마 증세가 호전된 것, 아내가 쓰러지기 전에는 미처 몰랐던 주위의 하찮고 느린 것에 눈이 뜨이고 감사하게 된 것 모두 작은 기적이었다. 변화는 더뎠지만 기도 가운데 나타나는 작은 기적들을 바라보며 하나님의 역사를 붙들고 살아가는 하루하루가 계속되었다.

　아내가 퇴원을 하면서 해가 바뀌었다. 달력도 새것으로 바뀌고, 아이들도 전학을 했다. 아내가 집으로 돌아와도 크게 달라질 것은 없었다. 반신불수, 뇌경색환자, 장애인, 식물인간 등등의 무시무시한 단어들이 점점 더 내 마음을 짓누를 뿐이었다.

　무거운 분위기를 바꾼 것은 아이들이다. 두 녀석이 엄마가 돌아온다고 폴짝폴짝 뛰면서 좋아한다. "학교 갔다 집에 오면 엄마가 있었으면 좋겠다"고 노래를 부르던 아이들이다. 아이들이 없었다면 탄식뿐이었을 텐데, 아이들 때문에 간간이 웃기도 한다. 아무것도 모르는 어린아이의 순진함이 어른을 활짝 웃게 만든다.

　주치의 선생님은 퇴원하는 우리를 친절하게 배웅해 주었다. 처제와 같은 병원에서 근무하는 간호사들도 안타까운 마음을 감추지 못하고 뒤따라 나왔다.

"다 나아서 나가셔야 하는데…."

우리가 끈질기게 기도하는 것을 아는 병실 사람들도 낙심하지 말라고 격려해 주었다.

아내가 퇴원을 한다고 하니 보험회사 직원이 찾아왔다. 나는 약관에 대해서 전혀 몰랐다. 청년부 형제가 형편이 어려운 우리 가정을 위해 1년 전에 아내 이름으로 보험에 가입해 두었다는 사실이 내가 아는 전부였다. 보험금이 생각보다 많았다. 그 직원은 무덤덤한 말투로 이렇게 말했다.

"목사님, 아시죠? 1급 장애는 사망 처리입니다."

두 번째로 들어본 말이다. 사망 처리. 꼭 이런 말을 해야 하나? 장애 판정을 받았다고 사망 처리를 하다니, 1급 장애인은 산 사람이 아니란 말인가? 갑자기 세상이 야속하게 느껴졌다. 아내의 퇴원 수속을 밟으며 앞으로 겪게 될 현실이 결코 녹록치 않다는 것을 조금씩 깨닫기 시작했다.

아내는 아직 젊다. 그리고 우리는 함께 기도할 수 있다. 현실이 아무리 어두워도 포기하기에는 아직 이르다. 나는 다시금 결의를 다지며 힘을 모았다. 퇴원과 동시에 힘을 다해 매일 예배를 드렸다. 예배를 드리다가 기적을 경험한 사람들의 수많은 간증을 들었기 때문이다. 하루에 네 번씩, 40일 동안 꾸준히 드리기도 했다.

나 개인뿐 아니라 교회에서도 기도의 힘을 모으려 애썼다. 그해 사순절 기도회를 40일 동안 가졌다. 80여 명 출석 성도 중에서 무려 60명 이상이 모였다. 다들 한 마음으로 기도했고, 특별히 목사인 내가 무너지지 않도록 합심하여 기도에 힘을 쏟았다. 아내를 일으키는 일이라면 무엇이든지 해야 할 것 같았다. 목회보다도 아내를 일으키는 일이 먼저라고 확신했다. 아무도 이의가 없었다. 교회가 기도원 같았다. 내 얼굴은 항상 벌겋게 달아올랐고, 목소리는 피곤에 젖어 있었다. 긴장이 떠나질 않았다.

아내가 가까이 있으니 바짝 긴장되었다. 내 손발은 더 분주해졌다. 간호사들이 하던 일들이 상당 부분 내 몫으로 돌아왔다. 사람을 찾고, 아이들을 학교에 보내고, 재정을 관리해야 했다. 하루 속히 아내를 일으켜야 한다는 강박에 사로잡혀 내가 해야 할 일들을 집안일을 도와주는 자매들에게 맡겼다. 아빠로서 자녀들을 돌보는 역할, 남편으로서 아내를 돌보는 보호자, 가정을 이끄는 가장, 교회의 목사로서 감당해야 할 일들. 이 모든 일에 도움이 손길이 필요했다. 우리를 긍휼히 여기신 하나님은 그때그때 적절하게 사람을 보내 주셨다.

집도 이사를 했다. 낭만이 있던 언덕 위의 큰 집에서 평지의 아파트로. 집을 이사하면서 남은 인생도 평지처럼 평탄해졌으면 하고 바랐다. 처음으로 화장실이 두 개나 있는 아파트에서 살게 되었다. 모든 것이 새로워졌다. 집도 바뀌고, 교회도 이사를 했다. 오직 아내만 그대로 멈춰 있었다. 모든 것이 바뀌었지만 아내가 제자리니 덩달아 모든 것이 정지해 버린 느낌이다. 여자가 병들면 가족이 병든다는 옛말이 가슴으로 다가왔다. 나의 모든 역할이 바뀌었다. 아빠에서 엄마로, 환자를 돌보는 간병인으로.

어느새 봄이 찾아오고, 아내는 별다른 기적 없이 교회에서 집으로 돌아왔다. 아내가 교회에 있는 동안, 아내의 얼굴을 보고 만지고 옆에서 수다를 떨면서 사람들이 기도 응답을 많이 받았다. 신앙이 어릴수록 기도 응답을 많이 받는다고 한다. 그러다가 신앙이 자라면서 침묵하시는 하나님을 경험하게 된다. 그런데 마치 갓 믿은 신자처럼 매주일 교우들의 입을 통해 기도 응답을 받았다.

"사모님이 낫는 꿈을 꾸었어요, 사모님과 함께 어디를 갔어요, 사모님이 교회 식당에서 걸어 나오는 꿈을 꾸었어요…."

수많은 꿈 이야기가 들려왔다. 어려울 때는 이런 소식 하나하나가 다 위로가 된다. 하나님이 이제는 일으키시려나 하는 기대감 때문이다.

간혹 아이들의 한마디가 내 마음을 아프게 하기도 했다. 한번은 윤영이가 친구를 집에 데려왔는데, 그 친구가 "너희 엄마는 왜 병원에 계시지 않니?"라는 질문을 했다. 윤영이가 "너, 그런 말 하려면 우리 집에 오지 마!" 하는 소리를 우연히 들은 나는 그간 꾹꾹 눌러 두었던 눈물을 또 쏟아내고 말았다. '엄마를 가까이 두고도 저렇게 상처를 입는구나.' 엄마가 누워 있는 동안 아이들도 자신들만의 삶을 만들어 가고 있었다.

하루는 목사님들과 함께 강릉으로 나들이를 갔다. 주문진 어느 횟집에서 회를 먹었다. 식사를 좀 일찍 마친 나는 횟감이 들어 있는 수조탱크를 유심히 바라보다가 꿈적도 하지 않는 개불을 발견했다. 개불은 바다의 인삼이라고 한다. 바다에 붙은 그 녀석은 전혀 움직임이 없었다. 다른 것들이 아무리 어지럽게 날뛰어도 조용히 바닥에 엎드려 있다. 갑자기 아내 생각이 났다. 움직이지 않아도 살아 있는 것만은 확실한 아내 생각이 나서 조용히 혼자 밖으로 나왔다. 한시도 긴장을 늦출 수 없기에 감정 따위는 꽁꽁 묶어 두고 살아가던 내가 또다시 눈물을 쏟고 있었다. 울다가 웃다가 그렇게 시간은 흘러가고 있었다.

12장
다 갚을 수 없는 사랑의 빚

아내가 갑자기 쓰러지면서 우리 가정에 닥친 가장 큰 어려움은 재정 문제였다. 하나님이 우리의 필요를 채워 주실 것을 의심해 본 적은 없지만, 그렇다고 딱히 확신에 차 있지도 않았다. 정 없으면 전세금을 빼서라도 해결해야지 하는 막연한 마음뿐이었다. 그러나 내게는 언제나 BGR 기도가 있다. 일명 '배째라' 기도다. "하나님 일이니 하나님이 알아서 하세요" 하고 끝내는 것이다. 상황이 해결될 실마리가 전혀 보이지 않고 바닥까지 갈 때 드리는 기도다. 몹시 화가 날 때 드리는 기도이기도 하다.

실제로 작은 기적들이 끊이지 않고 일어났다. 아내가 쓰러진 뒤 지금까지 지난 6년 동안 하나님은 매달 꼬박꼬박 필요한 것을 채워 주셨다. 정말이지 신기할 만큼 꼭 맞게 채워 주셨다.

아내가 쓰러지고 얼마 되지 않은 때였다. 살고 있던 집의 계약 기간이 다 차서 이사를 해야만 했다. 비교적 넓은 집에서 잘 살았는데 이제는 어디로 가야 할지 막막해졌다. 병원과 교회 모두 가까워야 하고, 아내를 간병하기에 쾌적한 공간이 필요했다. 허나 결혼생활 10년 동안 수중에 남은 돈이라곤 천만 원뿐이었다.

그러던 중 어느 날 한 형제가 찾아왔다. 얼굴은 알고 지냈지만 지속적으로 교제한 적은 없는 형제였다. 퇴근길에 병원에 들러 저녁을 사겠다며 찾아온 것이다. 이런저런 이야기 끝에 갑자기 말문을 열었다.

"목사님, 제가 도와드릴 게 없을까요?"

그런 제안을 받아 본 적이 없던 터라 나는 잠시 주저했다. 이사를 해야 되는 상황을 말해야 되나 말아야 되나 고민 끝에 있는 그대로 사정을 말했다. 그러자 형제는 그 자리에서 선뜻 전세금을 보태겠다고 제안했다. 그러고는 무려 3천만 원이나 되는 돈을 건네주었다. 천만 원은 헌금이고, 나머지는 나중에 형편이 닿으면 갚으라며 무기한으로 빌려 준 것이다. 집안 식구도 아닌 공동체의 형제로부터 혈육보다 진한 사랑을 받았다. 이렇게 마련된 보증금으로 우리 가족은 상상도 못했던 아파트로 이사를 하게 되었다.

아내가 중환자실에 있을 때에는 수술비보다 훨씬 더 많은 돈이 필요했다. 매일 어디서 돈이 흘러 들어오지 않는 이상 빚더미에 앉을 형편이었다. 치료비간 수천만 원이 들었는데, 지불할 방법이 없어 막막하기만 했다. 병이 하루 만에 다 나으면 좋으련만 원인도 과정도 결과도 모른다는 중풍인데, 얼마나 지속될지 모를 이 기간 동안 그 막대한 재정을 어떻게 감당할 수 있을지 걱정이 끊이지 않았다. 그러나 아내가 중환자실에 있든지, 일반 병실에 있든지, 집에 있든지, 아내가 가는 곳이면 어디든 하나님은 사람들을 보내셔서 필요한 재정을 채워 주셨다. 좀 모자랄 것 같으면 매번 약속이나 한 듯, 전혀 모르는 사람이 돈을 보냈다고 전화를 해 왔다. 우리 교회 교인, 다른 교회 교인, 학생, 직장인, 주부 등 각계각층 다양한 사람들이 우리 가정을 후원해 주었다.

2008년에는 미국 앤더슨 대학교에서 유학생을 대상으로 열린 코스타에 강사로 다녀왔다. 울기도 하고 웃기도 하면서 말씀을 전했다. 그런데 마지막 날, 작은 초콜릿 상자를 선물 받았다. 상자를 열어 보니 초콜릿 대신 300달러 지폐가 가지런히 놓여 있었다. 쪽지에는 이렇게 써 있었다. "목사님, 설교를 들으면서 이 돈은 꼭 사모님 간병비로 썼으면 좋겠다는 생각이 들어서 드립니다. 제가 가진 돈 전부입니다." 한 어린 학생이 자신이 힘들게 아르바이트를 하며 모은 돈을 정성스럽게 헌금한 것이었다. 비록 그 학생의 이름은 알지 못해도 그 사랑만큼은 지금까지도 내 마음속 깊이 간직하고 있다.

또 아내를 꾸준히 찾아오는 집사님들이 계신다. 아내의 학교 후배가 속한 구역의 식구들이다. 그중 한 집사님은 아내가 결혼 전 예수원에 갔을 때 같은 방을 쓴 분이다. 그 한 번의 만남을 추억하며 우리 가정과 새로운 사랑을 만들어 가고 계신다.

무엇보다도 가장 큰 사랑의 빚은 우리 교회 성도들에게 지고 있다. 아내를 들어 주고 병상째 옮기는 수고를 마다 않는 그분들 덕분에 아내도 교회에서 예배를 드릴 수 있었다. 심지어 교회 수련회까지 참석할 수 있었다. 그리고 우리 자녀들도 건강하게 자랄 수 있었다. 개척 교회를 섬기는 것만으로도 부담스러울 텐데 사모까지 아픈 교회를 떠나지 않고 지켜 주는 그들이 너무 고맙고 귀하다. 이런 사랑에 겨워 자주 울곤 한다.

"하나님, 목사가 사랑만 받으면 어떡해요. 저도 사랑을 베풀 수 있도록 아내를 병에서 풀어 주세요 성도들이 제 사랑을 받아야지요. 그러라고 저를 부르신 거잖아요."

그러나 세월이 흐를수록 갚을 길 없는 사랑의 빚은 계속 쌓여만 가고 있다.

아내가 쓰러졌지만 재정적인 어려움을 직면하지 못했을 때는 이런 상황을 허락하신 하나님께 내 억울함을 호소하기에 바빴다.

"하나님, 누가 돈 달랬어요? 돈 주지 마시고 아내를 일으켜 주시면 되잖아요. 하나님, 어느 게 더 제게 유익합니까? 돈 필요 없어요. 아내만 일으켜 주세요."

그러나 채 한 달도 못 가서 회개 기도를 할 수밖에 없었다.

"하나님, 돈을 주셔서 감사합니다. 아니, 하나님, 돈을 주세요"라고 말이다.

가끔은 신기해서 아내에게 이런 농담을 건네기도 한다.

"여보, 당신은 누워서도 돈을 모으는 재주가 있네…."

늘 가난했던 우리 가족이 아내가 쓰러지고 난 뒤에 오히려 부요하게 살고 있다. 모아 놓은 거라고는 한 푼도 없는데 아내가 쓰러진 뒤에 전보다 좋은 환경에서 지내는 게 신기할 따름이다. 지난 6년 동안 재물의 빚을 지지 않고 사랑의 빚만 늘어난 것을 어찌 기적이라 하지 않을 수 있겠는가.

어느 날 큰딸 윤영이를 불러내 함께 데이트를 했다. 집앞 카페에서 나는 커피를 마시고 윤영이는 와플을 먹었다. 돌아오는 길에 아빠와 다정하게 팔짱을 낀 큰딸에게 물었다.

"윤영아, 아빠가 어떻게 아파트에 살고, 차를 몰고 다니고, 너희를 먹이고 입히고 살 수 있는지 아니?"

아빠의 질문에 딸은 자신있게 대답했다.

"아빠가 버니까!"

"그래, 아빠가 벌지. 그런데 하나님이 수많은 사람들을 통해서 아빠에게 베풀어 주신단다. 하나님이 사람들을 통해 우리 가정의 필요를 채워 주시는 거야."

아빠의 진지한 대답에 딸이 숙연해졌다. 그리곤 이렇게 되물었다.

"근데, 그거 평생 다 갚을 수 있는 거야?"

"글쎄, 아마 다 못 갚을 걸!"

"평생?"

"그래, 윤영아. 우리가 받은 사랑은 평생 다 갚을 수 없을 거야. 셀 수 없이 많기도 하고, 너무 오래도록 이어져서 말이야."

그날 나는 딸에게 단단히 일러두었다.

"사랑하는 딸아, 너도 무슨 일을 하든지 어디에 있든지 남을 돕는 것을 잊으면 안 된다. 특히 가난한 사람들을 돌보고 먹이는 일은 반드시 해야 한단다. 알았지?"

 ※※※※※※

교회 본당에서 밤새 부르짖던 어느 순간 갑자기 마음속에 음성이

들려왔다.

"여호와 이레."

여호와께서 다 준비하셨다! 아니, 뭘 준비하셨단 말인가. 머릿속에 두 가지 생각이 스쳐 지나갔다. 하나는 사람이었다. 평범하지만 언제나 사랑을 베풀 줄 아는 사람들이 내 주위에는 많았다. 그들은 모두 하나님이 보내 주신 천사들이다. 또 하나는 돈이었다. 돈 한 푼 없던 내가 이 큰 병에 걸려 누운 아내를 지금껏 부족함 없이 돌보게 하셨으니, 이야말로 '여호와 이레'가 아니고 무엇이겠는가.

그런데 나는 역시 한참 모자란 목사인가 보다. 지금 처지를 돌아보자면 감사와 찬양만으로도 모자랄 판에 어쩔 수 없이 슬슬 본심을 고백할 수밖에 없었다.

"하나님, '여호와 이레'라니 감사합니다. 그런데 그보다는 아내가 얼른 일어나는 게 저는 더 좋아요."

13장
아빠가 안 놀아 주잖아

"아빠가 웃지 않아. 우리랑 놀아 주지도 않잖아."

기도원에 다녀온 지 얼마 되지 않은 어느 날 큰딸이 내게 던진 말이었다.

"그렇게 보이니? 언제부터?"

이렇게 반문했지만 이미 들켜 버린 내 마음은 감출 길이 없다.

딸은 아빠가 기도원에 다녀와서부터 달라졌다고 한다. 아무리 괜찮은 척 행동해도, 긴장된 채 살아가는 나의 내면을 딸은 여실히 감지하고 있었다. 기도원에 가면 절박한 심정이 배가 되어 돌아오게 된다. 비우고 오는 것이 아니라 주린 것을 더욱 확인하고 돌아오는 것이다.

그러니 그 주름이 얼굴에서 채 가시지 않았을 테다. 한 주씩이나 집을 비웠던 아비가 반가운 낯빛이 아니라 무겁고 긴장된 얼굴로 나타났으니 가뜩이나 기댈 곳 없던 딸은 걱정과 불안으로 마음이 잔뜩 움츠러들었을 게 틀림없다.

※ ※ ※ ※ ※ ※

아내가 쓰러지고 나서 내가 맞닥뜨린 또 다른 어려움은 바로 자녀 양육이었다. 그간 자녀 양육에 관한 거의 모든 것은 아내가 도맡아 했었다. 나는 사역을 한답시고 자녀 양육과 집안일은 아내의 일로 선을 그어 놓았던 것이다. 내가 아이들을 위해 하는 일이라곤 저녁 시간에 같이 놀아 주는 것이 전부였다. 천성이 아이들과 노는 것을 몹시 좋아해서 놀아 주기만 하면 되었을 때는 전혀 문제가 없었다. 할 수 있는 한 많이 놀아 주었고, 그래서인지 아이들도 나를 무척이나 좋아했다. 아빠는 잠깐 나타나서 즐겁게 해주는 엔터테이너로, 엄마는 가르치고 타이르는 트레이너로 구분되어 있어 교육하기가 쉬웠다. 부부간의 의견만 일치하면 아이들에게 일관된 삶을 보여 줄 수 있기 때문이다.

아내가 자리에 누운 후 나는 아이들이 가여워 전보다 더 많이 놀아 주려고 노력했다. 그러나 내가 트레이너 역할까지 겸하게 되자 아이들과의 관계는 복잡 미묘해졌다. 아이들은 아빠가 놀아 줄 때는 좋지만 자신들의 생활에 사사건건 개입하기 시작하니까 사는 게 너무 피곤해졌다느니, 아빠가 밉다느니 하며 불만을 터뜨렸다.

그러나 나로서는 이제 직접 아이들을 키워야 하니 온갖 면에 신경이 쓰이는 건 어쩔 수 없는 노릇이다. 가장 시급한 고민거리는 아이들의 생활 습관이었다. 아이들은 컴퓨터나 게임을 할 때는 두세 시간을 1-2분처럼 흘려보내면서, 공부할 때는 20분도 지겹다고 몸을 비틀며 한숨을 내쉬기 바쁘다. 세 시간 논 것은 생각도 안 하고 20분 공부하는 건 무슨 대단한 일인 양 힘들어하는 아이들을 지켜보는 것 또한 고역이다.

"똑바로 못해?"

"잠시라도 가만히 좀 앉아 있어!"

호통소리가 끊이질 않는다. 아이들의 본성을 학습으로 바꿔 놓으려는 것 자체가 어불성설임을 점차 깨달아가는 중이다.

아이들을 가르칠 때 내가 가장 먼저 부딪치는 문제는 역시 분노다. 아이들이 내 뜻대로 통제되지 않으면 내 안에 잠자고 있던 분노가 즉시 고개를 쳐든다. 아이들과 식사를 할 때나 아이들이 좋아하는 게임을 그만하라고 할 때 한두 번의 말로는 어림없다. 그럴 때 아이들의 마음을 이해하고 대화로 풀기보다는 무조건 내가 원하는 방식대로 따라 주기를 바라는 것이 부모의 자연스런 본성이다. 내 안에서 자꾸만 분노가 치밀어 오르니 자연히 분노가 아이들에게 전이될 수밖에. 아이들이 나의 화를 돋우고, 내가 아이들을 분노케 하는 악순환이 반복되었다. 아이들과 놀아 주기만 하면 되던 때와는 전혀 차원이 다른 경험이었다.

사실 아내는 큰소리 한번 내지 않고 아이들을 오래 참아 주었다. 장애인 관련 기관에서 일한 경험이 있어서 그런지 아이들의 마음을 잘 헤아리고 기다려 줄 줄 알았다. 또 사물의 원리를 파악하는 데 명민해서 아이들에게 지혜롭고 명확하게 그 원리를 가르쳐 주곤 했다. 아이들은 그런 엄마와 함께 있는 것을 좋아했고 그런 엄마의 훈육 방식에 길들여져 있었다. 아이들이 나가서 일만 하던 성취지향적인 아빠의 방식에 적응하기란 얼마나 힘들었을까. 자신들의 필요를 미리 알아서 챙겨 주던 엄마와는 정반대인, 성미 급한 아빠의 양육 방식에 적응하기란 아이들로서도 여간 고통스럽지 않았을 것이다. 아내가 아픈 뒤 제일 힘든 사람은 아내와 나라고 생각했는데 실상 아이들이 가장 힘든 시간을 보내고 있었다.

이런 와중에도 한 가지 긍정적인 변화가 있었다. 아내의 투병 생활이 길어지면서 아이들도 스스로 자기 일에 책임지는 법을 배우게 된 것이다. 해를 거듭하면서 이 어려움이 가장인 나 혼자만의 몫이 아니라는 것과 혼자 짐을 지려 할수록 집안 전체가 어려워진다는 것을 깨닫게 되었다.

아이들도 이 어려운 시기를 책임 있게 살아야 할 필요가 있다는 생각에 이르게 되자, 아이들에게 집안일을 나누어 주기 시작했다. 설거지, 청소, 이불 정리, 음식물 쓰레기 버리기, 화장실 청소, 책상 정리 등 그간 엄마가 해주던 일을 아이들 스스로 하게 했다. 얼마 지나지 않아 아이들은 엄마만큼은 아니더라도 자신들도 얼마든지 집안일을 할 수 있다는 것을 알게 되었다. 처음에는 볼멘소리를 했으나 습관으로 자리잡으면서 성품 훈련도 동시에 이루어지는 듯 보였다. 가정에서 아이들의 역할이 커진 것은 비록 뜻하지 않은 어려움 때문이었지만, 이를 통해 아이들이 좀더 성숙하게 자라나는 계기가 되었다.

어른이 되어서 뒤늦게 성품 훈련을 하려면 부단한 노력과 함께 많은 눈물을 흘려야 한다. 그러나 아이들은 눈물을 흘리지 않아도 된다. 어려서는 좋은 습관을 통해 성품을 빚어갈 수 있기 때문이다. 부모가 그런 삶의 태도와 의지를 가지고 아이들을 훈육한다면 얼마든지 가능한 일이다.

아이들과 함께 시간을 보내게 되면서 내 속사람도 조금씩 변하기 시작했다. 분노를 자제하고 부드럽게 말하며 기다릴 줄 아는 사람으로 변해 갔다. 아이들이 자라도록 기다리는 시간은 내 성품을 새롭게 하는 창조의 시간이기도 하다. 동시에 이곳이 지금 내가 머물러야 할 또 다른 사역지임을 다시금 깨닫는다. 지금도 성숙한 아빠가 되기 위해 여전히 수만 가지 정서적인 어려움을 겪으며 영적 싸움에서 승패를 반복하고 있다. 그러나 결코 포기하지 않을 것이다. 성숙한 아빠가 되는 길은 멀고도 험난하지만 그분과 함께라면 가능하지 않겠는가.

❧ ❧ ❧ ❧ ❧ ❧

우리 집 식탁에는 존경하는 선배 목회자이신 김동호 목사님과 찍은 사진이 유리 밑에 들어 있다. 자주 찾아뵙지는 못하지만, 지나가듯 하시는 달씀에 은혜를 많이 받는다.

"김 목사, 목회에 욕심내지 마. 지금 그게 다 당신 목회야."

인사를 드리고 나오는데 눈물이 나왔다. 주변에서 그리고 내 마음속에서는 내가 목회를 잘하지 못한다고 책망하는데, 목사님은 지금 내가 살아내는 일상이 목회라고 하신다.

목사님, 고맙습니다.

3부
하나님, 저 좀 그만 때리세요

14장
일상, 소망과 좌절을 반복하며

     2008년 1월, 아내가 쓰러진 지 4년째 접어들었다. 이제나저제나 하고 기다린 세월이 모여 벌써 4년이다. 기다림에는 고수가 없는 것일까. 지금껏 살면서 '기다림'을 충분히 경험했다고 생각했는데, 내 삶에 놓인 또 다른 기다림은 마치 처음인 양 낯설다.

     언젠가 행복은 달리 간절히 바라는 것이 없는 상태가 아닐까라는 생각을 해 본 적이 있다. 무언가를 간절히 바라고 기다리는 상황이 지루하게 이어질 때, 불행은 만성이 되어 더 이상 불행처럼 느껴지지도 않는다. 그러다 어느 순간 죽음조차 반가운 역설적인 순간이 온다.

     장인어른의 소천이 꼭 그랬다. 장인어른은 아내와 똑같은 병으로

8년을 앓으셨다. 돌아가시기 전 마지막 8개월은 장모님이 대소변을 다 받아내야 하는 중환자로 지내셨다. 장모님은 장인어른의 육중한 몸을 이리저리 뒤집어 가며 지극 정성으로 간호하셨다. 장인어른의 병색이 짙어지자 장모님은 어느 순간부터 이렇게 기도하셨다. "하나님 아버지, 우리 장로님 천국 가게 해주세요!"

장모님은 마지막 순간까지 남편이 천국에 들어가지 못할까 봐 계속 염려하셨다. "당신, 천국 갈 자신 있지?" 묻고 또 물으셨다. 장모님은 마지막 순간에 예수님을 부인하고 떠나는 분을 종종 목격하셨다고 한다. 그래서 혹시 남편이 정신이 혼미해진 순간에 예수님을 부인하지는 않을지 걱정하셨다. 장모님은 남편의 최후를 지키는 영적 파수꾼이셨다.

장인어른은 돌아가시는 날 아침에 장모님에게 "나, 천국 간다"라고 응답해 주셨다. 장모님이 얼마나 기뻐하시던지! 남편을 천국에 보냈다고 안심하셨다.

사실 장인어른의 소천은 우리 가정에 큰 슬픔이었다. 쓰러진 딸을 남겨두고 먼저 떠나는 아비의 마음을 나는 모른다. 그분이 한마디도 하지 않으셨으니까. 그러나 나는 안다. 그 절망과 분노를…. 말 없는 분이셨지만 분명 당신의 마음을 하나님께 간절히 아뢰셨을 것이다.

장인어른의 시신을 화장해서 유골을 뿌리는데 갑자기 묘한 감정이 밀려왔다.

'뼛가루를 뿌려도 마지막 날에 살아난다. 건강한 몸을 입고 다시 일어난다.'

이 믿음과 확신… 장지에서의 시간은 우리 삶이 무의미한 반복이 아니라 끊임없는 갱신임을 깨닫게 해주었다. 마지막 날에 온전하게 회복되는 부활을 꿈꾸게 하였다. 부활이 없다면 가장 불쌍한 존재가 우리이지 않은가. 꽃은 시들어도 그분의 영광은 영원하리니…. 고통스러울수록 그분을 향한 소망은 비 온 뒤 맑게 갠 하늘처럼 선명해졌다. 모든 순서를 마치고 장지를 떠나며 마음속 깊이 다짐했다.

"아버님, 저도 주연이를 잘 돌보겠습니다. 훗날 천국에서 뵙겠습니다."

'광야'라는 단어가 이때만큼 절실히 와 닿은 적이 없었다.

지금 살아내야 하는 현실을 하나님의 눈으로 바라보고 받아들이기를 잠시라도 게을리하면, 내 삶은 지루하게 반복되는 희망 없는 나날일 뿐이다.

누구에게나 고난은 닥친다. 그러나 막상 내가 그 한복판에 서고 보니 유독 내가 겪는 고난이 더 커 보인다. 그 '누구나'에 제발 나는 빠졌으면, 아니, 그 '누구나' 정도의 고통만 내게 허락되었으면 좋겠다는 부질없는 생각을 해 본 적도 있다.

일상이 아무리 힘겹게 되풀이되더라도 시간은 계속 흘러가고, 그 시간은 예기치 못한 숱한 사연들로 채워져 갔다. 아무리 변함없는 상황이라도 자세히 들여다보면 작은 변화들이 있는 법. 작지만 의미 있는 움직임들이 있었다. 내가 '원하는' 오직 한 가지 변화만 일어나지 않았을 뿐, 내가 눈여겨보지 않았던 것들에는 하나님의 은혜와 축복이 넘치게 배어 있었다.

2008년 한 해의 첫 말씀으로 "나의 하나님이 그리스도 예수 안에서 영광 가운데 그 풍성한 대로 너희 모든 쓸 것을 채우시리라"는 빌립보서 4장 19절이 담긴 쪽지를 뽑았다. 물론 성경 한 구절을 부적처럼 생각하며 1년을 버티지는 않는다. 그러나 새해에 받는 첫 말씀은 각별한 의미를 지닌다. 나의 모든 쓸 것을 채우시리라는 하나님의 약속에 감사하는 마음을 가졌다. 그러나 한편으로는, '내 모든 쓸 것을 채우시겠지만 내가 자리를 들고 일어나는 기적은 없으려나 보다' 하는 두려움이 엄습해 왔다.

나는 꿈꾸기를 좋아하는 사람이었다. 과거나 현재보다는 항상 미래를 생각하며 계획을 세우고 그 계획을 실천해 나가는 것이 주된 관심사였다. 예전에는 12월이 되면 새 다이어리를 사서 요란하게 계획을 세우곤 했다. 새해를 바라보며 하나님의 뜻을 묻고 무엇을 할까 고민하기도 했다. 그러나 아내가 아픈 뒤로는 새해 계획을 세우지 않는다. 새로운 꿈을 꾸고 계획을 세울 여유가 없기에 그냥 흘러가는 대로 맡길 뿐이다. 계획을 세우다 보면 언제나 지금 내게 닥친 일 말고 다른 일을 하고 싶은 생각이 든다. 그 사이의 괴리감이 나를 무력하게 만드는 것을 뼈저리게 경험한 후로는 과감하게 계획을 세우지 않기로 결단했다.

물론 꿈 없이 하루하루 사는 것이 때로는 한없이 버겁게 느껴진다. 내 삶이 내 마음대로 되지 않는다는 절망감 때문이다. 그러다가도 주님이 나를 인도하신다는 확신이 들면 마음이 한결 가벼워진다. 내 삶 속에 거하시는 하나님이 두려워 말라 하신다. 그분은 내 마음을 지키시는 분. 내가 꿈꾸지 않는다고 내 생이 허물어지지는 않을 것이라고 말씀하신다. 하나님의 풍성함은 우리의 고난에 구애받지 않는다. 그분의 풍성함으로 나의 궁핍한 삶을 채우실 것이라 말씀하신다.

※ ※ ※ ※ ※ ※

어느 날 새벽기도를 나서는데 어둑어둑한 아파트 길에서 한 부부를 보았다. 남편은 어느 교회 목사인 듯 양복을 차려입고 한 손에 성경을 들고 있었다. 부럽다는 생각이 밀려들었다. 나도 아내와 둘이서 걸어서 교회에 가고 싶다. 새벽기도에 가고 싶다. 이렇듯 소소한 일상 속에서 여전히 갈등을 겪으며 살아가고 있다. 장차 내 삶이 어떻게 펼쳐질지 도무지 알 수 없다.

"나의 가는 길 오직 그가 아시나니." 오직 그가 아시는 길을 걷는 사람들은 현재의 고난에 좌절하지 않는다. 단지 그를 따라갈 뿐이다. 하루에도 몇 번씩 소망과 좌절 사이를 오가지만, 내 생의 길이 앞으로 어떻게 펼쳐질지 나는 알 수 없지단, 오직 따라갈 뿐이다. 나와 함께 걷는 그분은 다 알고 계시기에.

15장
윤지가
돌아왔다

막내 윤지는 태어나서 겨우 사흘 남짓 엄마 품에 안겨 있었다. 아내가 쓰러지자, 어머니를 모시고 살던 남동생이 신생아인 윤지를 데려갔다. 남동생도, 제수씨도, 조카들도 모두 당연하다는 듯 윤지를 기꺼이 받아주었다. 노환으로 당신 몸을 지탱하기도 힘드신 어머니까지 나서서 윤지의 양육에 기꺼이 동참하셨다.

그렇게 윤지를 동생네에 맡기고 한동안 잊고 살았다. 엄마 얼굴도 제대로 보지 못한 윤지는, 다행히 남동생 가족의 극진한 사랑 속에서 무럭무럭 자라고 있었다. 남동생 가족은 내가 걱정할까 봐 언제나 먼저 연락해 주고, 윤지가 자라는 모습을 사진으로 찍어 보내 주었다. 오히려 아빠인 나는 전화도 제대로 못하는 형편이었다. 아내를 돌보며, 윤영이와 윤서 두 아이를 챙기는 것만으로도 버거웠으니 말이다.

그러던 어느 날 선배 한 분이 나게 진지하게 조언을 해주셨다.

"김 목사님, 윤지를 데려와야 할 것 같아요."

그분은 윤지의 나이에 필요한 것이 무엇인지 잘 알고 계셨다. 그러나 당시 내 형편으로는 도저히 엄두가 나질 않았다.

"네, 저도 데려오고 싶어요. 하지만 자신이 없어요."

그렇게 주저하는 나에게 그분은 단 한마디로 어려운 결정을 쉽게 하도록 도와주셨다.

"아이가 태어나서 36개월까지 가족들, 특히 부모와 감정적인 접촉을 하지 못하면 그 아이는 정서적인 장애를 많이 겪게 됩니다. 이 시기가 지나면 아예 동생네에 입양을 시키는 편이 나을 수도 있어요."

'입양'이라는 단어에 정신이 번쩍 들었다. 아무리 어려워도 내가 낳은 자식을 입양 보내는 건 절대 있을 수 없는 일이다. 어떤 어려움이 있어도 일단 데려오자.

※※※※※※※

사실 지난 4년 동안 나는 매일 밤 교회에서 지내며 치열한 내적 갈등을 겪어야 했다. 개척 교회를 잘 세워 가야 한다는 영적 부담감 때문에 강단에서 기도하다 잠이 들었지만, 현편으로는 엄마의 빈자리가 큰 아이들을 제대로 보살피지 못하고 있다는 자책감에 시달렸다. 그럼에도 불구하고 개척 교회 목사는 의당 그래야 한다는 장모님의 조언을 따라 여기까지 왔다.

그러나 이제 막내 윤지를 데려오면서 내 안 깊숙이 자리하고 있던 갈등을 정리하기로 했다. 더 이상 교회에만 머물지 않고 집으로 들어가 아이들을 보살피고 아내를 섬기기로 결심했다.

"아내와 자녀에게서 멀어지는 삶을 살지 말자. 가족을 먼저 섬기고 사랑하자."

이것이 2008년 새해를 맞는 나의 다짐이었다. 그리고 이 결단을 통해 하나님이 나를 새롭게 빚어 가시리라 믿었다. 사역이라는 뚜렷한 목표를 향해 거침없이 달려온 나에게, 그분은 자녀들을 믿음으로 가르치고 사랑으로 양육하는 법을 알려 주기 원하신다는 생각이 들었다. 무엇보다 아이들을 대할 때 쉽게 폭발하는 내 마음속 숨겨진 분노를 다스리길 원하신다고 느꼈다. 진정한 목회자는 가정을 돌보듯 교회를 돌보는 사람일 것이다. 하나님이 원하시는 가정의 본을 세우며 성도들을 섬기는 것이 목회자의 도리 아니겠는가.

물론 이것은 나에게 두려운 결단이었다. 저녁과 밤 시간을 온통 아내와 아이들을 돌보는 일로 보내게 될 것이기 때문이다. 그리고 새벽이면 교회에 나와 기도하고 하루 종일 교회 일을 한 후 다시 집으로 돌아가는 일과가 반복될 것이다. 예전과는 비교가 안 될 정도로, 교회 사역과 가정 사역이 내 삶에 똑같은 비중을 차지하게 된 것이다. 체력적으로나 정서적으로나 험난한 앞날이 예상되었다. 또 아이들과 긴 시간을 함께해 본 경험이 없는 내가 어떻게 아이들을 돌볼 수 있을지 나조차도 의문이었다.

그러나 하나님이 허락하신 새로운 상황을 거부하지 않고 부딪혀 나가기로 결심했다. 주어진 현실을 외면하고 비현실적인 삶만 쫓는 것은 하나님이 원하시는 바가 아니라고 확신하게 되었다. 막내 윤지를 데려오면서, 하나님을 온전히 신뢰하고 가족들에게 평안을 주는 아빠요 남편 그리고 목회자가 되기로 결심했다.

엄마 품도 모르고 자라 첫돌을 맞이한 윤지의 생일잔치는 아주 특별했다. 돌잔치를 예약하러 웨딩홀에 갔다. 예약 담당자가 물었다.

"몇 분쯤 오시나요?"

"글쎄요, 한 250명 정도요?"

눈이 휘둥그레진 담당자는 놀란 얼굴로 나를 빤히 쳐다봤다. 말은 안 했지만, 그 표정은 '지금 이 사람이 장난하나?'라고 말하는 것 같았다. 잠시 침묵이 흐른 뒤, 그가 확신에 찬 목소리로 말했다.

"손님, 그런 돌잔치는 없습니다!"

옆에 있던 직원도 거들었다.

"다시 잘 생각해 보세요. 예상 인원을 잘못 계산하시면 나중에 뒷감당하시기 어렵습니다."

그 말에 나는 웃으면서 다시 말했다.

"네, 아마 300명은 족히 올 겁니다."

돌잔치가 끝나고 계산을 하러 갔더니 직원들이 다들 놀란 표정이었다. 375명이 왔다는 것이다.

"돌잔치가 아니라, 누구 결혼식 하신 거 아니에요?"라고 묻기에 "네, 우리 막내딸 결혼식이요" 하며 웃었다.

윤지는 부모가 넷이나 된다. 아이들은 자기와 살을 맞대고 살면서 먹여 주고 입혀 주고 재워 주는 사람을 자기 부모로 인식한다. 그래서 윤지는 엄마와 아빠가 둘씩이다. 나는 목사 아빠, 동생은 작은 아빠로 부른다. 엄마도 친엄마는 누워 있는 엄마, 작은 엄마는 키워 준 엄마로 부른다. 다른 아이들보다 부모가 두 배니까 돌잔치를 축하하러 오는 손님도 두 배가 될 수밖에.

비록 낳아 준 엄마가 딸을 직접 키우지 못해도 이처럼 수많은 사람들의 축복을 받으면서 윤지가 무럭무럭 자라고 있었다.

2008년 2월, 설날에 드디어 윤지를 데리러 갔다. 윤지의 짐을 싸며 제수씨가 많이 울었다. 젖먹이 손녀를 기른 어머니도 많이 우셨다. 조카들도 계속 울었다. 아이들이 하도 우니까 제수씨가 "너희들 자꾸 울면 다시는 윤지 안 데려올 거야" 하며 아이들을 을렀다. 그런다고 그칠 눈물이 아니었다.

윤지를 차에 태우고 출발하려는데 백미러에 울고 있는 조카들의 모습이 비쳤다. 마지막까지 배웅하던 제수씨도 참았던 울음을 다시 터뜨리며 돌아섰다. 나도 입을 꼭 다문 채 울면서 집으로 돌아왔다. '제수씨, 고마워요!'

윤지가 돌아온 날, 윤영이와 윤서는 아주 신이 났다. 동생이 온다고 펄쩍펄쩍 뛰며 난리법석이었다. 드디어 윤지를 엄마가 누워 있는 방으로 데리고 들어갔다.

"윤지야, 엄마다."

잠든 듯 누워 있는 엄마가 낯설었는지 아이는 무서워했다. 나는 윤지를 두 팔로 들어올려 품에 안은 채 간절히 기도했다. 윤지가 지금은 이 모든 것이 낯설어도 금세 잘 적응하고 가족과 함께 즐겁게 잘 자라가도록.

16장
또 한 번의 시련

    2008년 6월 22일. 다시 40일 작정 기도를 시작한 지 22일째 되는 날이자 주일이었다. IVF 전국수련회 설교를 일주일 앞둔 날이기도 했다. 이날은 장모님이 집에서 아이들을 돌보시고, 나는 혼자 교회에서 아내를 돌보고 있었다.

    아내를 교회 본당에 데려다 놓고 청소를 하기 시작했다. 정리 정돈을 워낙에 좋아하는 성격이라 아무리 피곤해도 청소를 해야 직성이 풀렸다. 청소하다가 도중에 아내의 대소변을 처리하고, 등에 욕창이 생긴 아내의 몸을 비스듬히 뉘였다. 그런 다음 아내의 두 발을 어긋나게 두고 찜질기로 감싸 놓았다.

    발에는 자극점이 많아 잘 주물러 주기만 해도 신진대사를 원활히

하는 데 도움이 된다고 한다. 그즈음 나는 아내에게 발마사지를 해주면서 아내와 스킨십을 늘리고 대화도 더 많이 할 수 있겠다 싶어 발 반사요법을 배워 두었다. 자연히 발에 대한 관심이 많아졌고, 발이 따뜻하면 몸에도 온기가 돌 것 같아 나름의 고심 끝에 발 찜질을 생각해 냈다. 잠시 동안만 찜질기로 발을 덥혀 줄 생각이었다. 아내가 워낙 땀이 많아서 머리맡에는 선풍기를 틀어 놓았다.

주일 설교, 모임 인도, 교회 청소, 아내 간병까지⋯아무리 강철 체력이라 해도 이쯤 되면 녹초가 될 수밖에. 조금만 더 찜질을 해주면 좋겠다 싶어 잠깐만 눈을 붙이자 했다. 그렇게 자정쯤 아내 곁에서 잠이 들었던 것 같다. 얼마쯤 지났을까. 너무 많이 자 버린 것 같다. 잠결에 머리맡에 있는 아내의 몸을 더듬어 보았다. 몸에 물이 흥건했다. 아내의 숨이 가빴다. 갑자기 불길한 예감이 들었다.

"왜 그래? 여보!"

부리나케 불을 켜고선 아내를 쳐다보았다.

"으악! 으아아악! 으아아악! 내가 미쳤지! 정렬아, 재현아, 현준아, 일어나! 나 좀 도와줘!"

산산조각 난 유리 조각이 내 심장에 알알이 박히는 것 같았다. 눈앞에는 여전히 선풍기가 돌아가고 있었고, 아내의 발은 불길에 타들어 가고 있었다. 그 아래 깔아둔 돗자리와 이불까지 타고 있었다. 아내의 다리는 꼬여 있어서 펼 수도 접을 수도 없는 자세 그대로 타고 있었다.

눈앞에서 벌어진 일은 정말 믿기지 않는 상황이었다. 제발 꿈이었으면, 제발 꿈이었으면…. 아내의 발처럼 내 가슴도 시커멓게 타들어 가고 있었다. 내가 가장 사랑하는 사람을 이렇게 만들다니. 좀더 사랑하고 싶어서, 좀더 행복하게 해주고 싶어서 한 일인데 이런 끔찍한 고통을 안겨 주다니….

그날 내 뇌리 속에는 다시는 보고 싶지 않은 충격적인 장면 하나가 깊이 새겨졌다. 시뻘겋게 타고 있는 아내의 발. 그 상처는 아무리 시간이 흘러도 어제 일처럼 생생하게 떠오른다. 당장에라도 지워 버리고 싶지만 결코 지울 수 없는 내 머릿속 필름. 문득문득 떠올라 내 심장을 멎게 하는 형벌 같은 그 장면….

당시 교회에 있던 청년들은 갑작스런 비명 소리를 듣고 처음에는 내가 기도하다가 내는 소리인 줄 알았다고 한다. 그런데 연이은 비명 소리와 함께 뭔가 타는 냄새가 코를 찌르자 그제야 심상찮은 기운을 감지하고 달려 나온 것이다. 청년들은 눈앞에 벌어진 상황을 보고는 즉시 119에 전화를 걸었다. 그때 나는 정신 나간 사람처럼 물을 퍼 날라 아내의 발에 마구 들이붓고 있었다고 한다.

구급차를 타고 병원에 도착했을 때, 아내의 심장 박동수는 200, 체

온은 40도에 육박했다. 사망 직전이었다. 혈액 감염이라도 되면 그야말로 끝장이다. 당장 수술에 들어가야 할 것 같았다. 하지만 이상하게도 의사는 수술을 서두르지 않았다.

"화상을 입으면 상처 부위로 온몸의 수분이 옮아갑니다. 환자의 신체 밸런스가 깨지기 때문에 면역력도 떨어져서 이런 경우 작은 쇼크에도 사망할 수 있습니다. 일단 화상 환자의 몸 안에 있는 열기가 빠져야 하고, 신체 밸런스가 회복되어야 수술을 할 수 있습니다. 그 사이에 혈액 감염이 일어나면 사망할 확률은 90퍼센트 이상입니다."

태어나서 처음으로 죽고 싶다는 생각이 머리를 스쳤다. 현실이 아닌 다른 세상으로 사라져 버리고 싶었다. 더 이상 아무것도 보고 싶지 않고, 아무것도 듣고 싶지 않았다. 털썩 주저앉아 모든 걸 잊고 그저 영원한 잠 속으로 빠져들고 싶었다. 이 상황을 어떻게 수습해야 할지 그저 암담하기만 했다.

'이게 과연 마지막 시험일까?'

3년 전과 마찬가지로, 그러나 그때와는 다른 이유로 중환자실 대기실에 앉아 있다. 고통이 닥친 순간에는 다들 말한다. 이번이 마지막일 거라고, 이게 마지막 관문일 거라고…. 나도 그렇게 믿고 싶었다. 누구든 감당하기 어려운 시험이 끊임없이 밀려오면 제발 이번이 마지막이길 바라게 된다. 그러나 고통이 반복되거나 오랫동안 지속되면 사정이 달라진다. 억지로 눌러 놓은 감정과 간신히 막고 있던 불신이 갈라진 마음의 틈을 비집고 흘러나오다 어느 순간 댐이 터지듯 와르르 쏟아진다. 후회하고, 자책하고, 원망하고, 비난한다. 그리고 무너진다.

그 와중에도 삶은 계속되었다. 나는 예정대로 수련회에 가야 했다. 수천 명이 기다리고 있는 수련회였다. 내가 제정신일 리는 만무했다. 그러나 아내의 소식을 들은 모든 지인과 수련회에 참석하는 사람들이 아내를 위해 기도해 주었다. 오직 하나님의 은혜로 무사히 주어진 역할을 감당할 수 있었다.

수련회를 다녀오자 수술 날짜가 잡혔다. 의사는 단호하게 말했다.

"수술할 때가 되었습니다. 환자 상태가 최적입니다. 이때를 기다렸습니다"라고 감사했다. 그래도 수술을 할 수 있게 되었으니…. 담당 의사는 아내의 현재 상태와 앞으로 일어날 일들을 이해하기 쉽게 자세히 설명해 주었다. 아내와 내가 감당해야 할 몫은 너무 가혹했다.

화상 환자는 여러 단계를 거쳐 치료하는데, 우선 1차 수술은 화상 부위를 긁어내고 새로 올라오는 살을 보호하는 수술이었다. 그런 다음 2차로, 다른 부위의 피부를 이식하는 수술을 받아야 했다. 만일 이 과정에서 뼈가 상한 것이 발견되면 양쪽 발을 절단해야 한다고 했다.

수술 때문에 장모님과의 실랑이가 다시 벌어졌다. 장모님은 애원하셨다.

"김 목사, 수술하지 말자. 우리 딸 데리고 교회로 가자, 응?"

아무리 애원해도 통하지 않으니, 급기야 나를 위협하셨다.

"다시는 수술하면 안 돼! 네가 뭔데 내 딸 몸에 손을 대! 내 딸이 죽어도 좋아?"

아내의 화상은 전적으로 내 불찰이라 차마 고개를 들 수 없었지만, 수술 문제만큼은 나도 기를 쓰고 장모님께 맞섰다.

"장모님, 아이들이 사진 속에서만 엄마를 보는 게 좋습니까, 아니면 숨 쉬는 엄마 얼굴을 보는 게 좋습니까?"

결국 장모님도 마지못해 수술에 동의하셨다.

수술 당일, 장모님과 처제는 이 상황이 너무도 힘겨워 병원에 올 수조차 없었다. 다른 가족들이 다녀가고 나 혼자 남았다. 수술 시간 전까지 하염없이 거리를 걷다가 백화점 앞을 지나게 되었다. 예쁜 신발들이 즐비했다. 진열된 신발을 보며 울고 또 울었다. '이제 우리 주연이는 저런 신발을 못 신겠구나.' 아내 발에 맞는 신발이 없다는 사실에 하염없이 눈물만 흘렸다.

수술 시간이 성큼 다가왔다. 아내가 수술실에 들어가기 전, 담당의

사는 내게 솔직하게 말했다.

"환자분은 두 발을 다 절단해야 합니다."

나는 기도했다. 간절히 기도했다. 달리 할 수 있는 게 없었다. 예수님이 십자가에 달리시기 전에 기도하며 흘리신 땀이 피였다는 것이 이해가 될 정도로 절박하게 울부짖었다. 제발 절단만은 하지 않게 해 달라고 나중에 아내가 일어나더라도 두 발 없는 장애인으로 남은 일생을 산다면 그 모습을 어떻게 볼까. 상상조차 두려웠다. 제발 절단하지 않고 이식 수술로만 끝나게 해 달라고 애타게 기도했다.

한참 후 아내가 수술을 마치고 회복실로, 회복실에서 중환자실로 옮겨졌다. 수술실 앞에서 기다리는 내 눈에 가장 먼저 들어온 것은 아내의 발이었다. 아, 한쪽은 붙어 있는 게 아닌가. 두 발 모두 절단하지는 않았구나. 눈물이 주르륵 흘러내렸다.

"하나님, 감사합니다! 감사합니다!"

17장
아내의 발

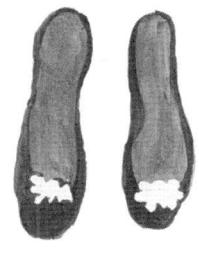

"여보, 나하고 달리기 하자."
"엥? 당신 지금 축구 선수하고 달리기 하자는 거야?"
"긴 말 말고, 어디 한번 해 봐요!"
"어쭈, 끝까지 한번 해 보겠다 이거지. 좋아."
"요이— 땅!"

달리기라면 웬만큼 자신 있는 나였다. 하물며 결혼한 아줌마를 못 이기랴 싶었다. 그런데 웬걸, 거의 비등비등한 게 아닌가. 골인 지점에 들어와서 나는 놀란 얼굴로 아내를 치켜세웠다.

"우와, 당신 진짜 빠르네!"

초등학교 때 반 대표 육상선수였다는 아내는 놀라울 정도로 달음

질이 빨랐다. 신혼 초 아내와 달리기 하던 그때가 자꾸 떠오른다. 인생의 작고 소중한 것들은 사라지고 나서야 비로소 그 진가를 깨닫게 되나 보다.

아내의 발에 얽힌 추억이 또 하나 있다. 나는 잠을 잘 때 팔다리를 큰 대(大)자로 쭉 뻗고 잔다. 그리고 내 몸에 무엇이 닿으면 불편해한다. 비록 그것이 사랑하는 가족의 몸이라 해도. 그런데 아내는 자기 다리를 쿠션이나 옆 사람의 배에 걸쳐야 잠이 들었다.

어느 날 자다가 문득 잠이 깼다. 한번 잠들면 좀처럼 깨지 않는 내가 그날은 이상한 느낌이 들어 눈을 떴다. 아내가 울고 있는게 아닌가. 당황스러웠다. 무슨 일이냐고 물으니 아무 일도 아니란다. 그러면서 또 울었다.

"아니, 아무 일 아니라면서 왜 또 울어? 대체 무슨 일인지 얘길 해야 알지."

몇 번을 되물으니 그제야 대답이 나왔다.

"당신, 왜 나를 싫어해? 왜 내가 다가갈수록 당신은 이불 밖으로 나가는건데?"

아마도 내 고약한 잠버릇이 아내를 무의식적으로 거부했던 모양이다. 잠결에 내 배에 올려놓은 아내 다리를 내리려다가 아예 옆으로 피해 버린 것이 틀림없다. 그런데 이제는 그럴 일조차 없게 되었다.

내 배는 더욱 푹신한 쿠션으로 변했는데….

⚜ ⚜ ⚜ ⚜ ⚜

아내의 화상 사고는 전기 찜질기가 결정적 요인이었다. 찜질기는 아무리 오래 켜 놓아도 불이 나면 안 되는 제품이다. 화재를 일으킨 그 찜질기는 알고 보니 지금은 제조회사조차 없어진 불량품이었다. 장인어른이 쓰시던 것이었는데, 사라진 회사에 보상을 요구할 수도 없는 노릇이었다.

내게는 아내가 뇌경색으로 쓰러진 것보다 이번 화상 사건이 마음에 더 큰 상처로 남았다.

'아내가 입은 화상은 순전히 내 잘못이다. 찜질기 최고 온도가 9인데 5-6에 맞춰 놓고 서너 시간을 자 버렸으니 말이다. 움직이지도 말하지도 못하는 사람이 그 화기를 어떻게 견뎠을까. 약한 사람을 내 방식대로 대하다니…. 하마터면 난 살인을 저지를 뻔한 거야. 다른 사람의 고통을 느끼지 못하는 건 폭력이고 살인이나 다름없구나!'

그렇다. 약자를 그의 방식대로 대하지 않는 것은 폭력이다. 너무 큰 대가를 치르고서야 얻게 된 뼈아픈 교훈이었다.

아내의 발을 수술하고 난 뒤부터 내게는 이상한 버릇이 두 가지 생겼다. 사람을 보면 가장 먼저 신발부터 보게 된다. 나도 모르게 상대방의 발에 눈길이 쏠리는 것이다. 또 하나는, 신발이 아무리 낡아도 새 신을 사러 갈 엄두를 못 내는 것이다. 아이들이 신발 타령을 하면 좀더 견디라고 말한다. 신발을 사러 다니는 것이 싫기 때문이다. 신발을 보면 가슴에 화인(火印)처럼 찍힌 그 끔찍한 기억이 다시 떠오를까 봐…

얼마의 시간이 흐른 후, 나는 두란노에서 운영하는 '아버지학교'에 등록했다. 아이들을 어떻게 섬기고 돌봐야 하는지 배우고 싶어서였다. 막 결혼해서 아직 자녀가 없는 예비 아빠부터 자녀들을 모두 출가시킨 할아버지까지, 거기 모인 아버지들은 매우 다양했다.

아버지학교의 프로그램 중 하이라이트는 세족식이었다. 리더가 조원들의 발을 씻기고, 남편이 아내의 발을 씻어 주는 세족식. 나는 아내를 데려갈 수 없었다. 딸이라도 데려오라고 하는데, 그러기는 싫었다. 그냥 가고 싶지 않았다.

드디어 세족식 날, 다른 참여자들이 아내의 발을 씻기는 것을 물끄러미 바라볼 수밖에 없었다. 그때 나는 다짐했다. 손으로 아내의 발을 씻어 줄 순 없지만, 온몸으로 아내를 업고, 아내를 씻기며 살아가리라. 닦아 줄 발이 없는 아내에게 내가 발이 되어 어디든 데려가리라. 흐르는 눈물을 훔치며 그렇게 다짐했다.

장모님이 우리 집으로 들어오신 후, 집안 살림을 수차례 정리하셨다. 그때마다 옷장이 텅 비어 가고 신발장이 허전해졌다. 아내의 물건들이 하나둘씩 사라졌다.

"이제 일어나도 못 입을 거야. 그냥 버리게."

너무 오래되어 색이 바랜 것과 유행이 지난 옷가지들이 점차 사라져 갔다.

아내에게는 오래된 감청색 구두 한 켤레가 있다. 아내가 쓰러지기 전까지 줄곧 신던 신발이다. 아내의 흔적이 가장 많이 배어 있는 물건이다. 나는 이것만은 버리고 싶지 않아 장모님 몰래 다른 곳에 숨겨 두었다. 아내의 발은 잃었어도 아내의 신발까지는 잃고 싶지 않은 마음뿐이었다.

내 책상 앞에는 아내와 바닷가에서 어깨동무를 하고 찍은 사진이 있다. 그 사진 속에는 아내가 두 발로 온전히 서 있다. 사진 속 아내는 가볍게 웃고 있다. 즐거운 표정으로, 건강한 모습으로 나를 바라보고 있다. 이제는 내가 아내의 다리가 되어 줄 것이다. 언제까지 내가 아내를 즐겁게 업어 줄 수 있을까. 조금 견디다가 무겁다고, 그만 내리라고 하지는 않을까.

앞으로는 아내와 달리기를 할 일도 없다. 함께 걸을 수도 없다. 오직 아내를 업을 일뿐이다. 발을 잃은 아내의 다리를 어루만지노라니 마음속 깊은 곳에 뜨거운 물줄기가 흘러내린다.

18장
하나님,
저 좀 그만 때리세요

화상을 입은 아내가 사흘 밤낮 중환자실에서 죽음의 문턱을 오르내리고 있을 때였다.

내가 정신줄을 놓고 있는 사이에 IVF 전국수련회는 코앞으로 다가와 있었다. 아내의 상황을 뒤로 한 채 수련회에 가서 설교를 한다는 게 불가능해 보였지만, 그래도 울면서 설교 준비를 할 수밖에 없었다. 무기력하고 막막하기만 한 그 순간에 중보자들이 하나둘 나타났다. 날 위해 늘 기도해 주시는 어느 분이 이렇게 제안했다.

"목사님, 감정을 막아 달라고 기도하세요."

그렇다. 수련회 주강사로 섬기려면 내 감정을 묻어야 한다. 내 감정을 부인하지 않고는 수많은 청중 앞에서 하나님의 말씀을 선포할 수 없다. 남은 시간 동안 현재의 감정을 다 소화하고 가기에는 역부족이다. 그러니 내 감정을 막아 달라고 기도하는 수밖에.

수련회가 며칠 안 남았다. 사흘 안에 설교 준비를 마쳐야 했다. 우선 집중할 수 있는 조용한 장소가 필요했다. 병원에서 급히 부르면 설교 준비를 하다가도 바로 달려갈 수 있도록 병원에서 가까운 곳이어야 한다. 감사하게도 바로 병원 근처에 가까이 지내는 후배 부부가 살고 있었다.

"명호야, 부탁이 있는데 너희 집 좀 빌려 주라. 형이 하루 종일 너희 집에서 수련회 설교 준비를 해야 될 것 같다."

두말없이 자기 집을 내주었다. 얼마든지 편히 사용하라고

아침 7시에 있는 담당 의사 회진만 끝나면, 나는 곧장 그 집으로 달려가 설교 준비에 몰입했다. 그 집 식구들은 나를 배려해 낮에는 다른 곳으로 모두 피신을 갔다. 자매는 냉장고에 항상 과일을 준비해 두었고, 내게 먹을 것을 공급해 주었다. 정말 고마운 부부다.

수련회 본문으로 룻기를 택했다. 오늘날 우리는 양극화 시대를 살고 있다. 경제적인 불균형으로, 한쪽은 굶주림과 죽음이요 다른 한쪽은 풍요와 환락이라는 양극단의 삶이 강요된다. 이 양극화를 극복하는 길은 '기적'이 아니라 '사랑'이라는 확신이 들었다. 룻기야말로 당시의 양극화를 '하나님 사랑'과 '이웃 사랑'으로 극복하는 아름다운

언약 백성의 이야기가 아니던가. 하나님의 은혜로 설교 준비가 잘 마무리되었다. 날마다 은혜가 넘쳐서 사흘 만에 네 편의 설교를 끝낼 수 있었다.

나오미는 살면서 계속 죽음을 경험한 여자였다. 남편을 잃고, 연이어 두 아들을 잃었다. 남은 것은 과부가 된 자기 자신과 며느리들뿐이었다. 살아갈수록 형편이 어려워졌다. 고향을 떠날 때만 해도 풍족한 살림살이였는데, 흉년을 피해 다른 나라에 가서 사는 동안 가진 것을 모두 잃고 말았다. 살려고 발버둥칠수록 상황은 더욱 나빠졌다.

나오미가 고향으로 돌아오며 하는 말이 내 마음 깊이 와 닿았다.

"전능자가 나를 심히 괴롭게 하셨음이니라. 내가 풍족하게 나갔더니 여호와께서 내게 비어 돌아오게 하셨느니라. 여호와께서 나를 징벌하셨고 전능자가 나를 괴롭게 하셨거늘…"(룻기 1:20-21).

이런 고백을 하는 나오미의 모습이 눈에 선했다. 나오미가 겪는 아픔을 그 어느 때보다 깊이 공감할 수 있었다. 나오미는 하나님이 자신을 자꾸 때린다고 고백하고 있다. 그런 순간에 나오미의 입으로 "여호와 하나님"이라고 부르는 것만 해도 대단한 믿음이다.

그날 밤 교회로 가서 한참을 기도하는데 내 속에서 뜨거운 것이 솟구쳤다. 손을 번쩍 들어올리곤 짐승처럼 울부짖었다.

"하나님…저 좀 그만 때리세요! 저 좀 그만 때리세요! 저 좀 그만 때리시라고요!"

이 말을 되풀이하며 대성통곡했다. 마흔이 넘은 남자가 울부짖는 모습이 애처로웠는지 새벽기도를 나온 김 집사님이 옆에서 함께 울고 계셨다. 김 집사님도 남편 때문에 온몸으로 고통을 겪고 있는 중이었다. "하나님, 나 좀 그만 때리세요"라는 부르짖음에 집사님도 목이 메었던 걸까.

❧ ❧ ❧ ❧

5천여 명의 대학생이 모인 IVF 전국수련회 첫날 밤, 나는 그 많은 청중 앞에 서서 손을 높이 들고 이렇게 외쳤다.

"오늘 이 밤에 우리 모두 오른손을 들고 하나님을 향해 이렇게 외칩시다. '하나님, 저 좀 그만 때리세요!'"

나도 울고 학생들도 울었다. 드넓은 야외집회장이 온통 울음바다가 되었다. 고통당하는 영혼들의 아픔을 이루 다 헤아릴 수 없었다. 나의 고통이 곧 저들의 고통이었다. 저들의 아픔이 곧 나의 아픔이었다. 나는 저들의 고통과 슬픔을 해결할 방법은 알지 못했지만, 적어도 하나님 앞에 함께 하소연하고 부르짖는 믿음의 선배로 그곳에 서 있었다.

수련회가 모두 끝난 뒤, 병원 안에 있는 성당에 가서 혼자 기도하는 시간을 가졌다. 기도하기 전에 먼저 성경을 읽으며 묵상했다. 몸이 아무리 힘들어도 묵상 시간이 되면 어김없이 그 자리에 가 있는 것이 스스로도 신기할 따름이다. 한번쯤은 싫증날 만도 한데, 힘들수록 하나님의 말씀을 더욱 붙잡는 은혜를 누리고 있다. 말씀을 붙잡지 않고는 살 수가 없어 무조건 말씀을 읽게 된다.

그날 무심코 성경을 펼쳤는데 평소 좋아하는 이사야서 43장을 읽게 되었다. 익숙한 말씀, 믿는 자라면 어느 누구나 좋아하는 구절이다.

"내가 너를 지명하여 불렀나니 너는 내 것이라"(이사야 43:1).

하나님은 내게 말씀으로 위로하셨다. 보잘것없는 나라는 존재가 언제나 지명하여 부르시는 그분의 소유인 것이 감사했다. '너는 내 것이라.' 이 얼마나 안전한가! 이 얼마나 평안한가! 소속감이 이렇게 큰 위안이 된다는 것을 그때서야 알았다. "병년아, 너는 내 것이다. 안심해라"라고 말씀하시는 하나님의 음성에 나는 큰 위로를 받았다.

그런데 그 다음 구절에서 몇몇 단어에 눈길이 멈췄다. 숨이 멎을 것 같았다. 눈이 점점 커졌다.

"네가 물 가운데로 지날 때에 내가 너와 함께할 것이라.…네가 불 가운데로 지날 때에 타지도 아니할 것이요 불꽃이 너를 사르지도 못하리니"(43:2).

눈에서 불길이 솟았다. 가슴에서 뜨거운 무언가가 솟구쳐 올랐다.

18. 하나님, 저 좀 그만 때리세요

내뱉지 않고는 참을 수 없는 외침이 터져 나왔다. 나는 격렬하게 반응했다.

"하나님, 이게 무슨 말도 안 되는 소립니까? 타기 전에 구해 주셨어야지요! 불이 붙기 전에 저를 깨우셨어야지요! 불꽃이 일어나기 전에 바람을 불게 해 끄셨어야지요! 아니, 불 속으로 다 지나가고 난 뒤에 구해 주시면 어떡합니까! 불 가운데 지나는 동안 타지 않게 하신다고요? 다 탔잖아요! 다 타 버렸잖아요! 구해 주시는 건 좋습니다. 하지만 장애 없는 사람으로 구해 주셨어야지요! 온전한 몸으로 구해 주셨어야지요! 늘 함께한다고만 하지 마시고요!"

울분에 찬 나의 긴 탄식을 하나님은 어찌 들으셨을까. 쏟아지는 눈물을 닦을 정신도 없이 바닥에 주저앉아 나는 통곡했다.

☘☘☘☘☘

내가 아주 오래 전부터 좋아하는 찬양이 있다. 욥기 23장 10절 "내가 가는 길을 그가 아시나니 그가 나를 단련하신 후에는 내가 정금 같이 되어 나오리라"는 말씀으로 만든 곡이다.

주가 보이신 생명의 길
나 주님과 함께

상한 맘을 드리며
주님 앞에 나아가리.

나의 의로움이 되신 주
그 이름 예수
나의 길이 되신 이름
예수.

나의 길
오직 그가 아시나니
나를 단련하신 후에
내가 정금같이 나아오리라.

한동안은 이 찬양을 들을 때마다 속으로 하나님께 대들곤 했다.
"하나님, 제가 언제 정금 된다고 했습니까? 저, 금덩이에 관심 없어요. 그냥 순탄하게, 평탄하게 좀 살게 해주세요"
그러나 어찌하랴. 그분이 나를 정금으로 만들겠다고 작정을 하고 두드리시면, 그저 맞을 수밖에!
왜 깨끗한 그릇은 수천 도의 불가마를 통과해야 비로소 완성되는 걸까. 불가마에 들어가도 깨지지 않고 나와야지만 쓸 만한 그릇이 될 텐데, 이 불구덩이에서 터지거나 깨져 버린다면 나는 대체 어디에 쓰일 수 있을까.

정금을 단련하는 장인의 모습이 눈앞에 어른거린다. 땀방울인지 눈물방울인지, 그의 얼굴도 물기로 흠뻑 젖어 있다. 불가마 속에서 타는 건 그릇만이 아니리라. 토기장이의 마음도 함께 탈 것이기에.

19장
고통당하는 자를 쓰시는 하나님

처음 전국수련회 주강사 요청이 들어왔을 때 나는 단호히 거절했다. 내게는 그런 큰 규모의 집회를 섬길 자격이나 능력이 없다는 것을 스스로 너무 잘 알았기 때문이다. 후배 간사들이 달려와서 나를 설득했다.

"목사님이 오셔서 우리 아이들을 위로해 주세요. 마음이 아픈 아이들, 영혼이 고통당하는 아이들이 너무 많아요."

내 아픔도 주체하지 못하고 있는데 힘들어하는 젊은이들을 위로하러 와 달라니. 그땐 하나님이 한없이 야속하기만 했다. 나부터 좀 진정시켜 주신 후에 달리라고 하실 일이지, 숨이 차 헐떡이는 나를 보고 달리라고 하시다니….

수련회 첫날 설교를 마치고 숙소로 돌아가는데 간사로 섬기는 자매 한 명을 만났다. 나를 보자마자 "목사님" 하고 부르고는 주르륵 눈물을 쏟아낸다. 처음엔 내가 처한 상황이 안쓰러워 우는 줄 알았다. 그런데 울먹이면서 하는 말을 들어보니 그게 아니었다.

"목사님, 실은 저희 아빠 회사가 오늘 부도났어요. 살던 집까지 다 날아갔대요…."

그 자매는 아버지 회사가 부도를 맞아 집이 송두리째 날아간 상황에도 수련회 진행을 맡고 있다. 무슨 말이 필요하겠는가. 자매를 붙잡고 한참 동안 함께 울었다.

수련회 중에 한 여학생은 엽서를 무려 일곱 장이나 써 가지고 나를 찾아왔다. 그 여학생은 꼭 3년 전에 다른 수련회에서 내 설교를 들으며 "저렇게 행복하면 나도 웃고 살겠다"고 비웃었단다. 우울증도 앓았다 했다. 3년이라는 긴 투병생활 끝에 겨우 복학해서 참가한 수련회였다. 처음엔 주강사가 3년 전에 자기를 화나게 한 그 목사인 줄 알고 참가하지 않으려고 했단다.

어렵사리 참석한 수련회 첫날, 자매는 내가 겪고 있는 고통을 알게 되었고, 나에 대한 미안함과 꼭꼭 숨겨둔 자신의 아픔을 나누고자 나를 찾아온 것이다. 번호가 매겨진 일곱 장의 엽서에는 자매의 삶이 빼곡하게 적혀 있었다.

"목사님, 저는 나팔관을 수술했습니다. 아기를 갖지 못한다는 뜻이지요…. 그러나 이번 수련회에서 말씀을 들으며, 내게도 보아스 같은 경건한 남자가 나타나면 결혼을 할 수 있겠다는 소망을 갖게 되었습니다. 그리고 목사님을 위해서 기도하겠습니다. 사모님이 일어나는 그날까지."

내가 고통 중에 씨름할수록, 이처럼 자기 아픔을 숨기며 살아 온 이들이 용기를 내어 나를 찾아왔다. 찾아와서 아무에게도 말하지 못했던 비밀을 털어놓고 갔다. 마음 깊이 쌓아 온 겹겹의 한을 한 꺼풀씩 드러내었다.

하나님이 쓰시는 그릇이 있다. 바로 깨끗한 그릇이다. 하나님은 그릇의 재질을 보고 판단하시지 않는다. 그릇의 상태를 보고 사용하신다. 신기하게도 그릇의 상태는 연단을 통해서 깨끗하게 된다. 왜 속죄의 고백만으로는 깨끗하게 되지 않을까. 왜 죄를 고백하고 회개하는 것만으로는 성결케 되지 않는 걸까. 하나님은 왜 하필 삶이 깨지고 상해서 속병이 들고 마음이 아픈 사람을 사용하시는지 궁금하다.

나를 찾아오는 사람들 대다수는 삶이 깨지는 경험을 한 이들이다. 마음이 너무 아프다며 나를 만나러 온다. 그들이 나를 찾아오는 이유를 나는 안다. 내 말이 듣고 싶은 게 아니라 아파하는 나를 보고 싶어서 온다. 고통의 이유를 알고 싶은 게 아니라 고통 가운데 있는 사람을 만나고 싶어서 찾아오는 것이다. 자기 삶이 특이한 게 아니라 평범한 또 하나의 삶이라는 것을 확인받고 싶어서 온다.

어느 날 후배 목사에게서 전화가 왔다.

"형, 오늘 좀 만나러 가도 돼요?"

"그럼, 당연하지."

아내와 자녀를 데리고 오겠단다. 나는 알고 있다. 그들이 왜 오는지. 아파서 온다. 울고 싶어서 온다. 함께 울어 줄 사람을 찾아오는 것이다. 그들은 장애가 있는 자녀를 두고 있다. 넷째 아이 출산을 앞두고 있는데, 이번엔 다운증후군이라고 한다.

후배의 아내가 울었다. 안 낳고 싶다고…. 그래도 낳기로 결정했단다. 할 말이 없었다. 우리 모두의 간절한 기도를 뒤로 하고 태어난 아이는 다운증후군이었다. 이 부부를 보면 언제나 놀랍다. 두 장애아를 키우며 성숙해 가는 그들의 모습이 실로 아름답다. 그들의 삶 속에 하나님을 닮아가는 모습들이 점점 늘어간다. 이 부부는 오직 하나님의 사랑으로만 받을 수 있는 선물을 받았다.

평소 우리 아이들에게 병은 수치스러운 게 아니라고 가르쳤다.

"그러니까 엄마가 아파 누워 계셔도 너희 친구들을 얼마든지 집으로 데려올 수 있어. 만약 병을 수치스럽게 여긴다면, 그 사람이 바로 병든 사람이야."

아이들이 이 말을 이해했을까…

사람들, 특히 어른들은 고난을 수치스럽게 생각하는 경향이 있다. 오래도록 병을 앓고 있는 가족이 있는 가정을 두려워한다. 처음에는 어색하고 불편해서 가까이하기를 주저하다가 결국에는 영영 멀어지는 게 태반이다.

유난히 사람을 좋아하는 윤서가 조별 공동 과제를 우리 집에서 하기로 하고, 반 친구들과 그 엄마들을 초대했다. 담임선생님이 조를 짜 주면서 엄마들과 함께 한 집에 모여서 하라고 하신 모양이다. 아마도 윤서는 누워 있는 엄마와 함께 갈 수는 없으니까, 오히려 친구들과 친구 엄마들을 자기 집으로 초대하면 다 함께할 수 있다고 생각한 모양이다.

윤서 친구들과 엄마들이 우리 집으로 왔다. 집에 들어와서도 엄마가 보이질 않자 누군가 물었다.

"너희 엄마는 어디 계시니?"

"방에 누워 계셔요."

윤서는 아무렇지 않게 대답했다. 그러나 안방에 누워 있는 아내를 본 어머니들은 당황하고 미안해하며 결국 다른 집으로 옮겨 갔다.

19. 고통당하는 자를 쓰시는 하나님

아빠 말에 따라 당당하게 친구들을 데려온 아이의 마음을 어른들이 조금이라도 이해해 주었으면 좋았을 것을…. 나는 우리 아이들이 이런 상황에서도 상처받지 않고 언제든지 편하게 친구들을 데려왔으면 좋겠다. 그래서 약한 자들을 무시하거나 피하지 않고 더불어 살 수 있는 여유를 가졌으면 하는 바람이다.

교회를 개척하고 나서 쓰러진 아내는 자신의 연약함으로 교회를 하나 되게 했다. 온 성도들이 하나 되어 아내의 회복을 위해 기도함으로써 교회의 기초를 쌓았다. 연약한 아내를 중심으로 우는 자들이 모인다. 아내의 모습을 보는 것만으로도 은혜를 받는다. 낮아짐은 이렇듯 깊은 위로를 준다. 모든 사람의 마음에 경계의 빗장을 풀어 주고 쉬도록 한다. 연약한 자가 강한 자를 안아 주는 것이다.

"우리가 이 보배를 질그릇에 가졌으니…"(고린도후서 4:7).

4부
그래도 사랑합니다

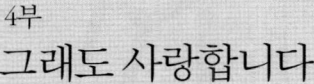

20장

삶에 해답이 주어지지 않을 때

내가 직접 고통을 겪어 보기 전에는 "예수님이 인생의 해답입니다"라고 하면 "아멘"이라고 확신했다. "예수님이 인생의 해답입니다"라는 말은 인생을 참 단순하게 만든다. 그리고 그때는 전혀 의심할 여지가 없었다. 그러다 연거푸 고통의 한복판에 서 보니 의문이 생기기 시작했다. 문제를 출제한 분이 혹시 답이 없는 문제를 내신 것은 아닌가 하고 말이다. 지금도 여전히 예수님이 인생의 답인 것을 믿지만, 마치 풀리지 않는 수학 문제를 끌어안고 낑낑대는 학생이 된 기분이다. 이제껏 내가 인생의 문제를 풀 때 적용해 온 믿음의 공식과 전혀 맞지 않는 문제를 만났기 때문이다.

아내가 화상을 입은 뒤 내게 찾아온 고통은 그분에 대한 심각한 반항심을 불러일으켰다. 내 마음은 자주 냉랭해졌다. 특히 '믿으면 분명히 낫는다'라고 말하는 사람들을 만날 때마다 내 안에 분노가 일렁였다. 그러면서 의심이 솟구쳐 올랐다. 내가 믿지 않아서 아내가 낫지 않은 걸까? 반드시 낫는다고 믿으면 정말 나을까? 그런데 왜 내 주변에는 치유 받은 사람보다 치유 받지 못한 사람들이 더 많은가? 치유 받은 사람은 제대로 믿어서 나았고, 그렇지 못한 사람은 제대로 믿지 않아서 그런 것일까? 믿음에는 반드시 치유가 뒤따르는가?

이 문제는 나를 계속 혼란스럽게 한다. 내가 믿음이 없어서, 간절함이 부족해서, 그만큼 절박하게 기도하지 않아서 아내가 못 일어나고 있는가, 아니면 내가 아내를 덜 사랑해서 그런가.

고난당하는 사람은 영적으로 예민해질 수밖에 없다. 매순간 하나님을 의식하고 의문을 품게 된다. 그냥 '믿습니다'라는 고백만으로는 앞으로 나아갈 수가 없다. 자신이 겪고 있는 상황이 너무도 불합리해 보이기에 하나님을 의심의 대상으로 삼을 수밖에 없다(욥기 31:35).

회의가 없는 상태를 소위 '좋은 믿음'이라고 말한다. 그런데 「하박국, 고통을 노래하다」에서 김기현 목사는 이와 다르게 말한다.

"믿음의 반대말은 의심이 아니라 불신앙입니다. 불신앙은 불순종입니다. 믿음은 신뢰, 이해, 순종을 총괄하는 말입니다. 의심은 그중 이해에 해당합니다. 믿음에는 의문이 포함되어 있습니다. 반면 불신앙은 무관심으로서, 어떠한 의심도 하지 않거나 무조건 의심하는 절대적 회의주의입니다. 신자에게 의심은 성장을 위한 과정이지만, 불신앙은 성장을 저해하는 요소입니다."

그러면서 그는 "의심을 허락하지 않는 분위기는 타락한 분위기인 동시에 죄악"이라고 말한다. 결국 회의를 허용하지 않는 맹신이 죄악인 셈이다.

회의하는 과정을 겪어 보지도 않고 "응답 받은 줄로 믿습니다"라고 확신하는 사람들이 있다. 여기에는 위험이 도사리고 있다. 성경에 나오는 대부분의 사람들은 응답을 얻기 위해 확신하는 것이 아니라 응답을 받고 나서 확신을 얻었다. 응답 이후에 확신이 온 것이다. 그러니 응답이 오기도 전에 먼저 확신을 가져서는 안 될 일이다. 그것은 믿음이 아니라 자신의 간절한 바람에 대한 의지적 신념일 뿐이다.

※ ※ ※ ※ ※ ※

테레사 수녀가 타계한 뒤 그의 비밀편지가 책으로 나왔다.

"저는 그처럼 끔찍한 상실의 고통을 영혼으로 느낍니다. 하나님이 저를 원하지 않으시며 하나님이 아니시라는, 하나님이 정말로 존재하지 않으신다는 고통입니다."

이와 같은 마더 테레사의 내밀한 고백에 대해 "타임"지는 이렇게 평했다.

"마더 테레사가 세상을 떠난 지 10년이 지난 지금 공개되지 않았던 비밀 편지들은 그녀가 50년이라는 삶 속에서 하나님의 존재를 느끼지 못한 채 살았음을 보여 준다.…하나님과 믿음에 대해서, 위대한 업적 뒤에 숨은 능력, 끈질긴 사랑, 신과 인간에 대해서 의문을 제기한다."

맞다. 그분도 50년 동안 의심했음이 틀림없다. 테레사 수녀가 살아온 삶의 자리는 빈곤, 질병, 폭력, 굶주림의 극한 현장이었다. 그 가운데 살면서 하나님의 전능하심을 어찌 의심하지 않을 수 있을까. 내가 보기에는 50년 동안 의심하면서도 일평생 가난하고 고통받는 이웃을 사랑한 그 헌신이야말로 참으로 대단한 믿음인 것 같다.

아내가 화상을 입은 직후, 그 순간만큼은 하나님이 선하시다는 말이 진실이 아니라고 느껴졌다. 물론 사람들은 이렇게 말한다. 다 지나고 나면 모든 것이 선하게 보일 거라고. 그러나 아직까지 내 의문은 사그라지지 않았다.

"영원히 살지 못하고 잠시 잠깐 이 땅에 존재하는 하잘것없는 이 미물에게 하나님의 선하심이라는 것은 무슨 의미가 있나요? 지금 여기서 고통받는 내게 대체 그것은 무슨 의미가 있습니까?"

정말 하나님이 어떤 분인지 보고 싶고 알고 싶었다. 이 일이 다 지나고 내 감정이 정리된 후, 시간의 흐름에 어쩔 수 없이 순응하며 살아가다 발견하는 그런 하나님이 아니라, 고통스런 바로 그 순간에 선하신 그분을 알고 싶었다. 나는 하나님께 이 어려운 삶 속에서 당신의 선하심이 어떤 의미인지 계속 여쭤 보았다. 그러나 하나님은 지금까지 대답을 미루고 계신다. 그래서인지 시간이 지날수록 나는 삶에 명확한 해답이 주어지지 않을 수도 있다는 것을 어렴풋이 깨닫기 시작했다.

삶은 결코 어떤 하나의 공식으로 살아낼 수 없다. 그래서 대부분의 사람들이 인생에 주어진 문제를 푸느라 시행착오를 거듭하며 우왕좌왕 혼란스러워하는 것이다. 그리고 그 혼란은 우리 삶을 무너뜨리고 모든 것을 의심하게 만든다.

기도 응답이 없을 때, 우리는 대개 두 가지를 의심한다. '하나님은 사랑이신가? 하나님은 전능하신가?' 그러고는 둘 중 하나라고 결론내린다. 하나님이 우리를 사랑은 해도 능력이 없으시거나, 능력은 있어도 우리를 사랑하시지 않거나.

나는 하나님이 나를 사랑하시고 내게 능력을 나타내셔서 아내를 일으키시는 것을 보고 싶다. 절단된 다리가 기적처럼 다시 생기는 것도 보고 싶다. 오죽 답답하면, 나는 그런 믿음 없으니까 그렇게 기도하는 분들의 믿음대로 되게 해 달라고까지 기도할까. 숨이 턱턱 막힐

때마다 하나님께 묻곤 한다. "하나님, 지금 대체 뭐하고 계세요?" 버럭버럭 소리를 지르고 싶다. 차라리 "안 낫는다"라고 속시원히 한 말씀이라도 해주시면 좋겠다. 낫지 않는 게 하나님의 뜻이라고 말씀해주시면 좋겠는데, 여전히 아무 말씀이 없으시다. 어쩌면 그분은 전혀 다른 뜻을 갖고 계신지도 모른다. '갖다, 아니다'라는 명확한 선언보다 내가 그분의 뜻을 스스로 발견할 때까지 기다리고 계신지도 모르겠다.

리처드 로어(Richard Rohr)는 이렇게 말했다. "해답을 가졌다는 것이 믿음을 의미하지는 않는다. 아무런 해답 없이도 살아갈 수 있는 것이 믿음이다." 해답 없이도 살아갈 수 있음은 오직 믿음 때문이다. 하나님은 내게 믿음을 사랑으로 바꾸도록 요청하고 계신다. 그러기에 나도 내 삶을 이해하려는 마음을 뛰어넘어 매일, 하루, 한순간을 사랑해보려고 한다. 아내가 내게 그랬던 것처럼.

21장
솔직한 기도

　　　　　　아내의 병고로 시작된 하나님과의 영적 씨름은 기도에 대한 내 생각을 바꾸어 놓았다. 기도는 정제되고 절제된 언어보다는 있는 모습 그대로 하나님 앞에 나아가는 것이 중요하다는 것을 몸소 깨달았다. 특히 고통 중에 자연스럽게 터져 나오는 원망과 불평, 비난과 호소를 하나님 앞에 있는 그대로 털어놓을 수 있어야 한다. 그래야 비로소 그분이 주시는 마음의 정화를 경험할 수 있기 때문이다. 삶 가운데 잔잔한 미풍을 만날 때는 조근조근 작은 소리로 기도하지만, 거친 풍랑을 만나면 불안과 공포 가운데 절박하게 살려 달라고 외치며 매달리게 된다. 인생이 격랑으로 요동칠 때 꾸밈없는 기도가 절로 튀어나온다.

나는 다윗의 시편 기도를 보고 자주 놀란다. 다윗은 정말 솔직하게 하나님을 찾았다. 그 본연의 모습이 기도에 그대로 드러나 있다. 시편을 읽고 묵상하면서, 나는 다윗이 얼마나 격분했는지 느낄 수 있었다.

"하나님이여 주께서 그들로 파멸의 웅덩이에 빠지게 하시리이다. 피를 흘리게 하며 속이는 자들은 그들의 날의 반도 살지 못할 것이나 나는 주를 의지하리이다"(시편 55:23).

이 기도는 다윗이 함께 성전에 올라가던 동료가 자기를 배신하자 그가 요절하기를 바라는 내용이다. 자기 삶을 졸지에 궁지로 몰아넣은 친구를 파멸시켜 달라고 하나님께 기도하는 것이다. 월터 브루그만(Walter Brueggemann)이라는 신학자는 이렇게 말한다.

"우리 마음속에 있는 원망과 원수에 대한 적대감을 하나님께 모두 토로하면, 하나님의 성품이 우리 마음속에 들어온다."

이런 과정을 통해 우리는 원망을 내려놓을 수 있고, 하나님을 마음속 깊은 곳으로부터 신뢰하고, 하나님의 심판을 믿게 된다. 결국 우리 마음속 깊은 데서 끓어오르는 원망이 내뱉어져야 하나님의 긍휼 어린 성품이 우리 안으로 들어오게 된다는 것이다.

이렇듯 토로하면서 하나님의 임재를 경험하는 쌍방 소통형 기도를 드려야 하는데, 대부분의 사람들은 자신의 부정적인 감정을 하나님께 쏟아놓기를 주저한다. 그것이 불경하다고 생각하거나 하나님은 그런 기도를 싫어하신다고 오해해서 마음속 깊은 감정을 드러내지 않는 경우가 많다.

슬픔은 슬픔으로 이야기될 수 있어야 한다. 눈앞에서 벌어지는 악을 보면 괴롭고 불쾌하고 화가 나는 것이 정상이다. 그러나 많은 그리스도인들은 하나님께 괴로움을 털어놓거나 실랑이해 보지도 않고, 적당한 선에서 "하나님은 신실하십니다. 선하십니다. 그런 하나님을 믿습니다. 이루어 주실 하나님을 신뢰합니다"라는 착한 기도로 서둘러 마무리하고 돌아선다. 고뇌 어린 기도에서 나오는 탄식이 없다. 그러다 보니 기도가 밋밋하고 지루하며 아무런 일도 일어나지 않는 것처럼 느껴진다.

※ ※ ※ ※ ※ ※

어떤 이들은 고통당하는 사람을 위로하려는 마음에 쉽게 이런 말을 한다. "하나님이 당신을 쓰시기 위함이니 기뻐하고 감사하세요" 그럴 때마다 나는 이렇게 되묻고 싶었다. "고난 중에 감사하지 않으면 신앙이 좋지 않은 것인가요? 감사해야 하는 이유가 하나님의 기적을 얻기 위함인가요?"

의무론적인 기쁨과 감사보다는 있는 그대로의 감정을 솔직히 토로하는 기도가 선행되어야 한다. 그 결과 하나님이 주시는 위로를 받고 고난을 통해 얻게 되는 유익을 깨닫게 된다. 그런 다음에야 기쁨이 찾아오고 감사가 나오는 것이다. 자기 삶이 모호하고 불안한 상황 속에 놓여 있는데 무조건 기뻐하고 감사할 수는 없는 노릇이다.

나는 욥기를 읽고 묵상하면서, 욥이 고난 중에는 하나님께 한 번도 감사드린 적이 없다는 사실을 새롭게 알게 되었다. 욥이 하나님께 감사드린 때는 그의 삶이 평탄할 때였다. 모든 일이 순조롭게 돌아갈 때, 욥은 잔치를 베풀고 번제를 드렸다. 그러나 고통이 시작된 이후로는 감사의 제사를 일절 언급하지 않았다. 오히려 하나님께 따지고 대들었다. 친구들의 말에 불평하기도 했다.

한편, 하나님은 욥이 자신의 질문을 다하도록 기다려 주셨다. 처음부터 그의 말을 막지 않으셨다. 자신의 문제와 고민을 해결할 능력이 없는 욥에게 충분히 토로할 시간을 주셨다. 토로함 없이는 회개가 나오지 못한다.

성경은 욥이 질문을 멈추고 하나님께 회개하는 것으로 끝을 맺는다. 정작 욥의 질문에 하나님은 전혀 대답을 하시지 않았다. 오히려 하나님은 욥에게 자신이 만물을 창조할 때 너는 무엇을 했느냐고 물으셨다. 네가 하나님처럼 능력이 있느냐, 네게 창조주의 지혜가 있느냐고 물으셨다. 하나님은 욥의 불평에 대해 따져 물으신 것이 아니라 욥에게 그 문제에 대한 해결 능력을 갖고 있는지를 질문하신 것이다.

결국 욥은 "당신을 본 것으로 나의 질문을 내려놓습니다. 능력도 지혜도 없으면서 고민만 했습니다. 당신을 보았으니 무지한 나를 알게 하소서"라고 대답하고 회개한다. 그러고 나서 하나님은 욥을 책망한 친구들에게 대노하셨다.

하나님이 욥에게 솔직하게 토로할 시간을 허락하셨다는 대목이 내게 크나큰 위로가 되었다. 우리는 자신의 삶을 정직하게 토로할 때 그분께 더 가까이 나아갈 수 있는 용기를 얻는다.

정직한 기도를 방해하는 가장 큰 요소는 "부정적인 말을 하지 말라"는 가르침이 아닌가 싶다. 그렇게 말하는 이들은 "부정적인 말을 하는 것은 하나님에 대한 믿음이 부족하기 때문"이라고 너무 쉽게 단정해 버린다. 수많은 그리스도인들이 자신의 자연스런 감정을 억누르고 통제하는 것이 바른 신앙이라 착각하고 있다.

나는 아내의 투병을 계기로 이 사실을 뼈저리게 경험하게 되었다. "아내가 아프다"라고 이야기하면, 당장 "그런 부정적인 말은 하지 마라. 당신의 아내는 일어날 것이다. 일어날 것인데 왜 자꾸 믿음 없는 소리를 하는가? 일어날 것을 믿고 감사하고 기뻐하라"는 대답이 돌아온다.

아내가 아프다는 것은 단지 하나의 사실일 뿐이다. 거기에는 어떠한 긍정이나 부정의 의미도 담겨 있지 않다. 아프다는 사실을 언급하는 것을 부정적인 것으로 본다면, 이 세상에는 아픔이라는 말 자체가 사라져야 한다. 삶이 있는 곳이라면 언제 어디에나 존재하는 아픔 자체를 인정하지 않으려는 왜곡된 믿음이야말로, 하나님 앞에서 우리를 유한한 인간으로 인정하지 않으려는 거짓 신앙이 아닐까. 아픔, 슬픔, 불행을 외면하지 말고 그 자체로 인정해야 여기서 비롯된 원망과 불평 불만 같은 부정적인 감정들을 하나님께 쏟아낼 수 있다. 그런 다음에야 참된 믿음, 진정한 성숙에 이를 수 있지 않겠는가.

목사로서 장례식에 자주 참석하게 되는데, 그럴 때마다 겪는 어려움이 있다. 유족에게 울지 말라고 권면하는 분들을 만나는 것이다. 그분들은 "돌아가신 부모님이 천국 가셨으니 울지 말라"고 하신다.

사실, 그리스도인들이 상을 당했을 때 돌아가신 분이 천국에 가지 못해서 우는 경우는 드물다. 대다수는 돌아가신 분에 대한 그리움과 아쉬움 그리고 허전함 때문에 우는 것이다. 더 이상 볼 수도 만질 수도 없는 부모님, 형제자매, 친구가 그리워서 우는 것이다. 그러니 실컷 더 울어야 한다. 마음껏 울 수 있게 추억을 되살려 주어야 한다. 아쉬운 만큼 눈물을 흘려야 온전히 떠나보낼 수 있지 않겠는가.

사랑하는 이를 잃었을 때 애도의 시간이 필요하듯, 고난당할 때는 슬퍼하고 원망하고 불평할 시간이 필요하다. 물론, 이 시간이 자기 연민으로만 끝나서는 안 된다. 하나님 앞에 나아가 슬픔과 절망, 원통함과 억울함을 토로해야 한다. 그런 시간이 지난 뒤에야 진심에서 우러나오는 감사와 신뢰를 경험할 수 있다. 그러니 감사는 자신의 감정이나 속마음을 억누르며 무조건 성급히 할 일이 아니다. 눈앞에 펼쳐지는 고난의 광풍 속에서 감사는 잠시 미뤄 두어도 괜찮지 않겠는가.

장모님은 딸이 쓰러지자마자 사흘 만에 기도 응답을 받으셨다.
"감사만 해라. 네 딸은 다 나았다!"
확신이 있어도 힘겨운 마당에, 그 확신마저 없었다면 여기까지 오는 데 무척 힘드셨을 것이다. 나는 하나님의 의중을 모른다. 이런 응답을 주시려면 당장 일으키시면 될 것을, 왜 6년이란 시간이 지나도록 아무 진전이 없을까? '응답 뒤의 기다림'은 또 뭐란 말인가. 응답을 받고도 기다림이 길어지면 더한 고통이 찾아온다. 응답은 받았는데 왜 '응답 이후'가 모호할까? 언제 일어날지는 왜 말씀해 주시지 않는 건지 정말 궁금하다. 게다가 왜 내게는 직접 응답하지 않으실까?
아내가 누워 있는 시간이 길어질수록 나는 하나님 앞에 점점 솔직해져 간다.

"하나님, 뭐가 그리 바쁘세요? 우리 집에 오실 형편이 안 되십니까? 제가 언제 일 년 내내 우리 집에 머물러 계시라고 합니까, 한 달을 머물라고 합니까, 하루 종일 우리 집에만 계시라고 합니까? 그냥 한순간이면 됩니다. 한순간만 다녀가시면 제 아내는 일어납니다. 그게 그렇게도 어려우세요?"

기도가 솔직해지면서 마음까지 후련해진다.

22장
예수님은 하나님의 눈물

기뻐서 흘리는 눈물과 슬퍼서 흘리는 눈물은 무엇이 다를까? 기쁨의 눈물은 단맛이 나고, 슬픔의 눈물은 신맛이 난다고 한다. 눈물조차도 흘리는 사람의 감정에 따라서 맛이 다르다는 얘기다. 기쁨과 슬픔이라는 감정은 무엇보다도 겉으로 드러나는 태도에서 확연히 차이가 난다. 기뻐서 눈물을 흘리는 사람은 결코 그 감정을 감출 수가 없다. 얼굴에 웃음꽃이 피고 자꾸 사람들을 만나 이야기하고 싶어 한다. 그러나 슬퍼서 눈물을 흘리는 사람은 마음이 어두워져서 사람들을 피하고 감정을 억누른다. 슬픔은 속울음을 만들고 마음속에 한을 만든다.

어느 날 여동생이 전화로 급히 나를 찾았다. 사랑하는 동생에게도 삶의 고통은 피할 수 없는 일이었다. 다급한 마음으로 동생을 만나러 집으로 갔다. 가슴 아픈 이야기를 전해들은 뒤 동생과 함께 실컷 울었다. 그러다가 동생을 붙들고 기도를 하는데, 기도 중에 환상을 본 동생이 대성통곡을 한다.

"오빠, 저기 예수님이 계셔."

"어디?"

"내 안에?"

"뭐 하시는데?"

"그냥, 울고 계셔. 사람들에게 맞고 계셔."

그 얘기를 듣고 또 울었다. 옆에서 우는 사람이 동생이라 남의 눈치 보지 않고 울 수 있었다. 예수님이 우신다고 해서 또 울었다. 눈이 퉁퉁 붓도록 실컷 울었다.

사랑하는 사람이 고통 가운데 있어도 속수무책일 때 사람들은 운다. 나는 아내의 고통과 질병을 치료할 방법이 없어서 운다. 하나님 외에는 더 이상 기댈 데가 없어 그분께 아내를 부탁하는데도 그분이 능력을 나타내시지 않아서 운다. 죽은 후에도 일으키시는 하나님을 믿는 부활 신앙을 가졌으나, 쓰러진 아내를 일으키지는 못하는 내 무능력을 탓하며 운다. 수많은 후원자들의 사랑과 격려가 여전히 이어지고 있으나 그것으로 병든 아내를 일으키지는 못하기에 운다. 목사님들과 권사님들이 나를 볼 때마다 "목사님을 위해 기도합니다"라고 한결같이 위로해 주시는데도 운다.

성경에는 자식 때문에 우는 부모들이 종종 나온다. 다윗도 자식 때문에 두 번 크게 울었다. 우리아의 아내와 정을 통하는 죄는 다윗이 지었는데, 형벌은 갓난아이의 생명을 담보로 잡았다. 그때 다윗은 울었다. 밤새도록 울었다.

"아이가 살아 있을 때에 내가 금식하면서 운 것은, 혹시 주님께서 나를 불쌍히 여겨 주셔서, 그 아이를 살려 주실지도 모른다고 생각하였기 때문이오"(사무엘하 12:22, 새번역).

다윗은 죽음을 앞에 둔 아들을 위해 울었다. 자신의 눈물을 보신 하나님이 혹시 아이를 살려 주실까 하여 울었다. 자식 때문에 우는 부모가 어찌 다윗뿐이랴.

나는 장모님의 눈을 똑바로 쳐다보지 못한다. 언제나 물기에 젖어 있는 그 눈을 바라볼 수가 없다. "김 목사, 내 딸 안 살릴 거야?"라고 하소연하면서 울먹이신다. 밥을 드시다가도 울고, 환자용 유동식을 만들면서도 우신다. "이게 무슨 맛이 있다고…" 하며 울먹이신다. 거실바닥을 훔치다가도 우신다. 밤에도 잠을 주무시지 못하고 일어나 흐느끼신다.

2년 전 아내의 화상 사고로 큰 수술을 하고 회복을 기다리던 수개

월 동안, 나는 강변북로와 동부간선도로를 따라 날마다 차를 몰고 병원을 오갔다. 어느 날 라디오에서 노사연의 "사랑"이라는 노래가 흘러나왔다. 노래를 듣자마자 비상 도로에 차를 세워 놓고 강변을 바라보면서 목이 터져라 노래를 따라 부르고 또 불렀다.

> 고마워요 오랜 그 시간
>
> 끝없는 당신의 사랑.
>
> 이제 다시 꿈을 꾸어요
>
> 모든 걸 드릴게요
>
> 하루하루 당신 볼 때마다
>
> 난 다시 태어나죠
>
> 천번 만번 하고 싶은 말
>
> 듣고 있나요
>
> 사랑해요

이제는 바닥이 났을 법한 눈물이 자꾸만 뺨을 타고 흘러내렸다. 병원에서 아내를 면회하고 동부간선도로를 따라 집으로 돌아오는 길에서 문득 깨달은 게 있다. 동부간선도로는 내 눈물이 마르기에는 너무 짧다는 것을.

22. 예수님은 하나님의 눈물

집에 돌아와 인터넷에서 악보를 찾았다. 다음 날 병원에 가서 기타를 잡고 아내에게 그 노래를 불러 주었다.

하루하루 당신 볼 때마다
난 다시 태어나죠
천번 만번 하고 싶은 말
듣고 있나요
사랑해요

목청껏 노래를 불러 주고 아내에게 사랑을 고백했다.
"여보, 사랑해!"

목회를 하면서 나는 성도들의 속 깊은 아픔을 수시로 접하게 된다. 그럴 때마다 목사로서 무기력감을 느낀다. 나라고 왜 담대하게 선포하고 싶은 마음이 없겠는가. "삽니다, 일어납니다, 하나님이 낫게 해 주십니다!"
그러나 "확실히 낫습니다. 그러니 긍정적으로 생각하세요. 곧 좋은 일이 생길 겁니다"라는 식의 거짓 평안을 선포하는 것은 결국 성도들의 마음 문을 닫게 만든다는 사실을 알게 되었다. 목회자가 성도들의 고통과 아픔을 부인하는 순간, 그들은 마음 둘 곳을 찾지 못하고 헤매기 시작한다. 아무도 자신의 아픔을 있는 그대로 받아주지 않는다고 생각하고 모임에 나오길 꺼린다.

"거긴 잘되는 사람만 가는 곳이잖아요. 나처럼 인생이 꼬이고 버림받은 사람들은 갈 수 없는 곳이겠죠." 이렇게 말하며 멀어져 간다. 슬퍼할 수밖에 없는 사람들은 화사하게 웃으며 인생의 행복을 맛보는 사람들을 피하여 도망간다.

고통의 시간에는 오직 서로 보듬어 주어야 한다. 함께 눈물을 흘리며 그 아픔을 나눠야 할 시간이다. 함께 흘리는 눈물은 고통의 짐을 나누어 짊어지게 한다. '내가 버림받지 않았구나'라는 확신을 갖게 한다. 병으로 인해 죽음이 불가피하리라는 사실을 알게 되어도 함께 슬퍼하는 자들이 곁에 있음으로 말미암아 자신이 버려지지 않았다는 확신을 얻으며 위로를 받는다.

건강한 공동체는 우는 자들을 숨게 만들지 않는다. 웃을 수 있는 공간이 열려 있듯이 울 수 있는 공간도 마련되어 있어야 한다. 울지 못하게 하는 사회, 눈물이 메마른 사회는 삭막하고 냉소적인 사회가 아닐까. 우는 것을 있는 모습 그대로 받아주어야 마음이 따뜻한 사람, 마음 따뜻한 사회가 될 것이다.

우는 건 사람만이 아니다. 하나님도 눈물을 흘리신다. 우리는 스스로 감당하기 어려운 고난 앞에서 울지만, 하나님은 당신마저도 어찌할 수 없는 자녀들의 죄로 인하여 우신다. 애통해하신다. 끊임없이 베푸시는 긍휼에도 불구하고 돌이켜 회개하지 않는 이스라엘 백성들을 바라보며 우셨다.

하나님은 자신을 '아버지'에 비유하셨다. 이스라엘 족속의 아버지로서, 핏덩이를 내다 버리는 무정한 시대에 버려진 아이의 탯줄을 끊어 숨 쉬게 하였고, 호흡을 거칠게 몰아쉬며 죽음에 이른 핏덩이를 안고 살아 달라고 애원하며 우시는 분이셨다.

"피투성이로 버둥거리는 너를 보고, 피투성이로 누워 있는 너에게, 제발 살아만 달라고 했다"(에스겔 16:6-8, 새번역).

신학자 위르겐 몰트만(Jürgen Moltmann)의 말대로 "하나님의 전 존재가 고통 속에 거하셨다. 모든 고통은 하나님의 존재 속에 있었다."

하나님이 눈물을 흘리신다. 자기의 사랑을 거역하는 이스라엘 백성들을 향하여 부르짖으신다. 살아만 다오, 살아남기만 해다오. 하나님이 통곡하신다.

눈물은 힘으로도, 돈으로도, 그 어떤 것으로도 깨뜨릴 수 없는 장벽을 능히 깨뜨린다. 아내의 눈물이 완고한 남편의 교만을 깨뜨린다. 목사의 눈물이 아픔에 무감각한 시대의 무관심을 깨뜨린다.

아내가 화상을 당하고 난 뒤에 새벽마다 혼자서 자주 부른 노래가 있다. 고난을 통해서도 좀처럼 변화되지 않는 나의 완고함과 너무 쉽게 무너지는 나의 연약함을 떠올리며 이 노래를 부르고 또 불렀다.

햇살보다 밝게 빛나는 주의 영광
모든 어두움 물리치네.
누구도 주 앞에 다가설 수 없네.
주의 거룩한 보좌 앞에
오직 주의 보혈
주의 긍휼 의지하여 나아가리.

동트는 새벽에도 마음은 여전히 어둠으로 가득한 나를 보시며, 밤새도록 외로움에 몸부림치고 새벽 강단에 웃는 얼굴로 서야 하는 나를 보시며, 하나님은 눈물을 쏟으신다.
"병년아, 너를 향한 나의 긍휼은 단 한 번도 멈춘 적이 없단다."
그제야 십자가에서 우시는 예수님이 보인다. 십자가는 나를 위해 흘리는 하나님의 눈물이다. 하나님은 십자가로 말미암아 나의 아픔에 동참하신다. 십자가 위의 예수님은 나를 향한 하나님의 눈물이다.

22. 예수님은 하나님의 눈물

아픔을 겪을 때, 고통당할 때, 인간은 하나님과 갈등한다. 우리는 늘 그분의 사랑을 무기 삼아 하나님께 억지를 부리기 일쑤다.

"정말 나를 사랑한다면, 왜 내가 원하는 대로 안 해줍니까?"

"사랑하신다면서요? 지금 당장 증명해 보시라니까요!"

어려움 가운데 있는 사람은 항상 하나님의 사랑에 근거하여 그분의 능력이 나타나길 기대한다. 그런데 하나님의 답은 이것이다.

"하나님께서 세상을 이처럼 사랑하셔서 외아들을 주셨으니, 이는 그를 믿는 사람마다 멸망하지 않고 영생을 얻게 하려는 것이다"(요한복음 3:16, 새번역).

사랑하기 때문에 '능력'을 주신 것이 아니라, 사랑하기 때문에 '외아들'을 주셨다. 이것이 그분의 사랑이다. 내 상황에 필요한 능력은 주시기도 하고 안 주시기도 한다. 그것으로 하나님의 사랑을 의심해선 안 된다. 하나님의 사랑은 오직 독생자, 예수 그리스도만으로 충분하다.

23장
고난당하는 자에게 필요한 것

아내의 상태는 6년이 지나도록 큰 차도가 없다. 약간의 미열이 올랐다 가라앉고, 욕창이 났다가 회복이 되지만, 전체적인 몸 상태는 별 진전이 보이지 않는다. 누워 있는 아내는 고단백 유동식을 먹고, 대소변을 가리고, 의사소통을 하는 그 모든 것을 외부에 의존한다. 스스로 할 수 있는 것은 기도뿐.

몸조차 스스로 가누지 못하는 아내에게 필요한 것은 무엇일까? 누워 있는 아내 곁으로 가만가만 다가가 귀기울이면, 쌔근쌔근 숨 쉬는 소리만 들린다. 호흡하는 소리로 살아 있음을 알려주는 아내에게 필요한 것은 공기뿐인가? 아내에겐 정말 무엇이 필요할까?

난 참으로 미련한 사람이다. 아내가 쓰러지고 난 뒤에도 자주 아내를 혼자 두었다. 병원에서 4개월을 보낸 후 퇴원하여 집에서 간호를 했지만, 그때는 하나님께 매달리느라 기도원과 교회를 내 거처로 삼다시피 했다. 아내가 낫기만 하면 모든 것이 '정상'으로 돌아온다고 생각했기 때문이다. 화상으로 두 번째 입원했을 때도 나는 아내를 다른 사람에게 맡긴 채 혼자 분주했다. 물론 현실적인 삶의 여러 필요들 때문이기도 했지만, 결과적으로 이 모든 행동이 아내를 혼자 있게 만들었다.

'낫는다'는 확신을 구하는 기도도 그렇다. 기도를 할수록 기도가 현실을 부정하는 이유가 되기도 했다. 하나님이 낫게 하실 것이라는 확신으로 치료를 거부할 수 있다. "하나님이 단번에 고치실 텐데 이런 과정이 왜 필요한가!" 이렇게 말할 수도 있다. 사실, 그때 나는 눈앞의 현실을 받아들이지 못하고 거부하느라 기도에 더 필사적으로 매달렸는지도 모른다. 지금 내가 얻지 못하고 이루지 못한 것을 허락해 달라고 매달린 것이다.

"하나님, 지금 이 상황 말고 다른 상황을 주세요"

이런 기도가 계속 이어지다 보면 상황을 비현실적으로 몰아가게 된다. 고난당하는 자에게 필요한 것은 현재의 아픔을 받아들이는 일이다. 그것이 기도다. 그러나 대부분의 경우 현실을 있는 그대로 수용하지 못해 오히려 환자와 상황을 악화시킨다.

마태복음을 보면, 예수님이 마지막 심판을 하실 때, 모든 민족을 오른편에 속하는 양과 왼편에 속하는 염소로 구분할 것이라고 하신다(25:31-33). 그리고 나서 예수님 자신이 병들거나 옥에 갇혔을 때 찾아오지 않은 자들은 왼편에, 그런 자신을 찾아온 사람들은 오른편에 서게 했다. 그러자 오른편에 선 자들이 말한다.

"우리가 어느 때에 병드신 것이나 옥에 갇히신 것을 보고 가서 뵈었나이까"(39절).

이 구절을 읽다가 알게 되었다. 찾아가 보는 것(go to visit), 그것이 먼저다. 병을 고치려 하기보다는 찾아가 들여다보는 게 먼저다. 분명 고통당하는 자를 위해 기도해야 하지만, 그들에게 먼저 필요한 것은 사람들의 관심 어린 방문이다. 병든 자에게는 친구가 필요하다. 자신과 함께 아파하고 함께 울어 줄 사람이 필요하다. 건강할 때는 스스로 움직인다. 그러나 아플 때는 누가 찾아와 주지 않으면 움직이지 못한다. 감옥에 갇히면 나올 수 없다. 누군가 찾아와서 말이라도 걸어 주어야 말을 할 수 있다.

그 자신이 고난당하는 자였던 야고보 사도는 우리에게 이렇게 권면한다.

"너희 중에 병든 자가 있느냐 그는 교회의 장로들을 청할 것이요 그들은 주의 이름으로 기름을 바르며 그를 위하여 기도할지니라"

(야고보서 5:14).

사람들을 청하라는 권면이다. 고난당하는 자에게 필요한 것은 친구다. 이 험한 골짜기를 함께 걸어갈 동무가 필요하다. 함께 묵묵히 하나님을 바라볼 친구가 필요하다.

　　　　　※ ※ ※ ※ ※ ※

어느 날 장모님이 화가 단단히 나셔서 말씀하셨다.
"이 일이 우리 중 어느 누구의 죄 때문인지 밝혀야겠다."
아내의 화상 사건은 순전히 내 잘못이었다. 뇌경색은 천재(天災)라 해도, 두 번째 입은 화상은 오로지 나의 무지와 무신경 탓이었다. 그러니 이러한 장모님의 질문으로부터 어찌 자유로울 수 있을까. 장모님을 뵐 면목이 없다. 아이들 볼 낯도 없다. 가뜩이나 죄책감에 싸여 있던 나는 할 말을 잃고 말았다. '정말 내 죄 때문이 아닐까?' 하는 생각도 들었다. 이 일을 계기로 현재의 고난과 죄의 문제를 곰곰이 생각해 보았다. 정말 내가 지은 죄 때문에 이 모든 일이 일어난 걸까?

나는 아내가 쓰러지기 전보다 쓰러지고 난 뒤에 더 많은 죄를 지었다. 하나님을 원망한 죄, 음란한 마음을 품은 죄, 참지 못하고 가족에게 분노를 터뜨린 죄, 사랑하지 못하고 도망가고 싶어 한 죄 등등, 세어 보자면 아마 끝이 없을 것이다. 그러면 하나님이 이 죄들로 인해 다음어는 더 큰 고통으로 나를 다스리실까? 그렇다면 다음에는 내가 중병을 얻게 될까?

병에 걸리면 먼저 원인을 찾기 위해 여러 가지 검사를 한다. 정확한 원인을 밝혀내면 환자를 올바르게 치료할 수 있다. 그래서 치료보다 정확한 진단이 우선이다. 진단을 잘못하면 치료를 받아도 효과를 볼 수 없다. 섣부른 치료는 오히려 환자를 더 망가뜨린다.

이처럼 우리도 고난을 만나면 원인을 찾기 위해 애를 쓴다. 병원 대신 교회나 기도원을 찾는 경우도 많다. 고난의 원인을 찾기 위해 기도하러 가는 것이다. 특히 회개 기도를 많이 한다. 현재의 고난이 어디서 비롯된 것인지 알기 위해서 몸부림친다.

'하나님, 제가 무엇을 잘못했나요? 무슨 죄를 지었나요? 더 회개해야 할 죄가 남아 있나요? 지금까지 제가 한 회개를 받지 않으셨단 말입니까? 제가 미처 깨닫지 못하는, 당신만이 아시는 숨겨진 죄가 있습니까?'

고난과 죄 문제를 생각하면서 깨닫게 된 것이 있다. 고난당하는 사람들에게 "자기 삶을 돌아보고 죄를 고백하고 회개하라"고만 이야기한다면, 그는 죄 고백을 병적으로 추구하거나 무거운 죄책감에 시달리게 된다는 사실이다. 고난을 당할 때, 성령께서 고난의 이유로 특정한 죄를 명확하게 지적해 주시지 않는 이상, 막연한 두려움과 죄책감으로 자책하는 것은 바람직하지 않다. 그것은 죄에서 해방된 하나님의 자녀라는 신분에 어울리지 않는다.

욥의 친구들은 욥에게서 고난의 원인을 찾으려고 애를 썼지만, 하나님은 욥이 불평하도록 허용하고 기다려 주셨다. 나는 이제 고난의 이유를 캐묻지 않는다. 그것은 내가 앞으로 살아가면서 자연스럽게 드러날 것이기 때문이다. 또 나로서는 하나님이 이끄시는 삶의 신비를 다 알지 못하기 때문이다. 이유를 알려고 할수록 점점 더 미궁에 빠지게 된다. 고난의 이유를 알면 마음이 평안해질 것 같지만, 이유를 안다고 고통이 줄어들지는 않는다. 암 환자가 암의 발생 원인을 알면 암세포가 주는 고통이 사라지거나 줄어들겠는가? 영혼이 아무리 고상해도 질병은 육체를 고통스럽게 한다. 이유를 알아도 고통은 줄어들지 않는 법이다.

※※※※※

고난은 고난당하는 자와 그 곁에 있는 사람들의 삶을 돌아보게 한다. 아픔 때문에 회개도 하고, 낫기 위해서 온갖 애를 쓴다. 그러나 겪고 보니 고난당하는 자에게 가장 필요한 것은 그와 함께 있어 줄 친구다. 도움을 주기 위해서가 아니라 사랑을 나누기 위해서다. 극복하기 위해서가 아니라 그 연약한 존재를 그대로 받아들이고 함께 살아가기 위해서다. 그가 버림받고 잊혔다는 고립감에 빠지지 않도록, 함께 함으로써 '나 혼자'가 아니라 '우리 함께'라는 소속감을 갖게 해주어야 한다.

나는 밤마다 아이들을 엄마 방으로 모이게 한다. 한쪽 손을 붙잡게 하고 만지도록 한다. 큰 녀석은 엄마 오른손을, 작은 녀석은 엄마의 왼손을, 그리고 셋째는 엄마 얼굴을 만지도록 한다. 아내가 외롭지 않도록. 우리가 항상 곁에 있다는 것을 아내가 느낄 수 있도록. 사랑은 이렇게 함께하는 것이기에.

24장
야곱의 축복

　　　　　아내가 두 번의 큰 수술을 하고 난 뒤 지속적으로 나를 괴롭히는 것은 '축복'이라는 말이다. "예수를 잘 믿으면 삶의 모든 일이 형통하다"라는 가르침도 그렇다. 그런 가르침을 받은 사람들은 그렇지 못한 경우를 '저주'라고 생각한다.

　한번은 어느 기도원에서 황당한 설교를 들은 적이 있다. 설교자는 자기 어머니가 예수를 잘 믿어서 저녁 예배를 마친 뒤 소파에 앉아서 고요히 주무시듯 돌아가셨다고 자랑을 했다. 여기까지는 그러려니 했는데 그 다음 말이 나를 화나게 했다.

　"예수를 잘 믿으면 가정에 뇌경색이 없습니다."

　예수를 잘 믿는다는 증거가 죽는 순간의 모습이나 상태에 달려 있는가. 그렇다면 예수님은 십자가에 달려 죽음을 맞으셨으니 가장 형편없는 믿음을 가지신 분이란 말인가.

복잡한 인생과 믿음의 신비를 단순화시켜 판단하는 이런 메시지가 고통당하는 사람들과 그 가족을 힘들게 한다. 특히 장기간 질병에 시달리는 가족들은 "질병 자체가 징계요 형벌이다" 또는 "저주받았다"라고 낙인찍는 시선과 말들로 이중삼중의 고초를 당한다. 왜곡된 영적 진단은 신체적 질병이 주는 고통만큼이나 깊은 자책감과 자괴감을 안겨 준다.

「오스 기니스, 고통 앞에 서다」에서 저자는 악과 고통에 대하여 잘 구분하였다.

"악은 고통을 가져다주는 원인으로 작용한다. 이에 비해 고통은 수동적이고 그 자체로는 악으로 간주되지 않는다. 강도는 책임져야 할 범죄 행위의 주체이고, 희생자는 아무런 책임도 없이 고통을 감수해야 하는 범죄의 대상이다. 이것이 악과 고통의 차이다. 하지만 요즘 들어 악이 객관적인 현실이라는 사실을 부인하려는 사람들이 많다. 그런 사람들은 인간이 고통을 당한다는 사실 그 자체를 악으로 간주한다. 간단히 말해 과거에는 악을 고통의 원인으로 생각했다면, 요즘에는 고통을 악의 원인으로 생각한다."

고통 자체를 악으로 간주하는 이들은 기독교 승리주의의 독단에 빠져 있는 게 아닐까. 고통이 축복[승리]이 아니듯, 고통 그 자체가 징계[패배]도 아닌 것이다.

※ ※ ※ ※ ※

축복이라는 말을 생각하면 가장 먼저 야곱이 떠오른다. 실제로 기도원에서 들은 설교 중 으뜸가는 인물은 단연 야곱이었다. 부흥사들은 야곱을 참 좋아하는 것 같다. 야곱의 축복이야말로 그들이 가장 즐겨하는 설교의 주제였다.

창세기에 나오는 야곱은 축복의 사람이다. 먼저, 그는 나이가 들수록 재산이 늘었다. 가족이 번성했다. 하나님께 복을 받았다. 그러나 이렇게 야곱을 축복의 대명사로 언급하다 보면 야곱의 이면을 놓치기 쉽다.

성경에 나타난 야곱은 고통과 축복의 양면을 다 지니고 있다. 야곱은 형과 아버지를 속이고 장자권을 빼앗다시피 하여 맏아들에게 주어지는 축복을 가로챘다. 그로 인해 그는 고향을 떠나야 했다. 장자의 축복을 받는 것은 복에 속하지만, 형의 분노로 죽음의 위협을 느끼며 집을 떠나는 것은 고통에 속한다.

야곱이 외삼촌 라반의 집에 정착하여 결혼을 하고 자녀를 열둘이나 얻고 재산을 늘린 것은 축복임에 틀림없다. 그러나 라반의 술수로 자신이 사랑하는 라헬이 아닌 레아를 먼저 아내로 맞아야 했던 일, 그로 인해 끊이지 않았던 두 아내의 갈등과 경쟁, 외삼촌 라반의 부당한 노동계약 변경 등을 감내해야 했다. 이 일들은 분명 축복이라 할 수 없을 것이다.

야곱은 인생의 전환점을 얍복 강변에서 맞이했다. 그곳에서 밤새도록 하나님과 씨름하여 야곱에서 이스라엘로 이름이 바뀌었다. 그가 얍복 강변에서 하나님을 대면한 것은 축복이었다. 형으로부터 자신의 생명과 재산을 지킬 수 있었다. 그것은 축복이었다. 그러나 하나님과 대면한 대가는 혹독한 고통이었다. 날이 새자 그는 다리를 절었다. 그로부터 일평생 다리를 끌면서 다녀야 했다. 하나님의 얼굴을 보았으면 앓던 병도 나아야 할 텐데 야곱은 오히려 없던 병을 얻었다. 이것은 우리가 생각하는 축복이 아니지 않은가.

야곱의 인생을 축복으로만 해석할 수 없는 마지막 사건이 있다. 그의 아들 열 명이 작당하여 아버지가 가장 아끼는 동생 요셉을 노예로 팔아 버린 것이다. 이들은 심지어 야곱에게 요셉이 죽었다고 거짓말까지 했다. 야곱은 이 일로 무려 십수 년간 슬피 울며 고통의 시간을 보냈지만, 어떤 자식도 아버지의 슬픔을 그치게 할 진실을 말하지 않았다. 자식에게 속는 부모처럼 비참한 존재가 또 있을까. 이를 두고 어찌 야곱을 단순히 '축복의 사람'이라 단정할 수 있을까.

24. 야곱의 축복

야곱은 장자의 축복을 받았지만 가족과 생이별을 해야 했다. 아내와 자식들을 얻었지만 이들 사이의 끊임없는 갈등을 지켜보아야 했다. 하나님의 얼굴을 보았지만 평생 육체의 고통을 안고 살아야 했다. 야곱의 삶에는 얻음과 잃음, 떠남과 돌아옴, 은혜와 고통이 함께 뒤섞여 있다. 야곱의 축복을 이야기하려면 그의 아픔과 고통도 함께 주목해야 한다. 성경은 야곱이 겪은 아픔과 고통의 이야기도 함께 들려주고 있다.

축복만 고집하는 사람들은 하나님이 고통에 찬 현실은 절대 허락하시지 않을 것이라 생각한다. 이런 주장은 하나님의 성품에 대한 그릇된 이해에서 나온다. 성경에 나오는 하나님이 어떤 분인지 알려고 하기보다, 인간적인 관점으로 부모의 심정을 하나님께 대입하여 해석한다.

"자녀를 잘 아는 아버지는 언제나 자녀에게 꼭 필요한 것을 준다"는 확신이 대표적인 오류다. 축복론자들은 항상 인간의 필요에 관심을 집중한다. 그래서 하나님의 뜻보다는 인간의 필요에 맞춰 하나님을 제한시킨다. 자녀가 조를 때마다 장난감을 사주는 인간 아버지 정도로 하나님을 축소해 버리는 것이다. 그래서 자신이 원하지 않은 일들이 삶 속에 일어날 때 어린아이처럼 울부짖고 떼를 쓴다. 제발 거두어 가 달라고. 이런 일은 내가 원하는 바가 아니라고. 그래서 기도할 때 늘 긴장하게 된다. 기도의 초점이 자신이 원하는 것을 얻어내는 데 맞춰져 있기 때문이다. '하나님의 뜻대로 되게 해주세요'보다는 '내 뜻대로 이루어지게 해주세요'를 고집한다. 자신의 결핍을 채우고, 문제를 해결받기 위해 끝까지 고집한다. 그러면서 자신이 원하는 것을 얻지 못할까 봐 불안해한다. 축복만이 전부인 삶은 기도 응답을 받을수록 이기적인 삶으로 치닫게 된다.

행복과 불행, 축복과 저주를 가르는 기준이 고통 없는 삶, 경제적인 부요, 질병 없는 건강한 몸이라고 한다면, 사도 바울은 심히 불행하고 저주받은 삶을 산 사람이다. 그는 곱사등이었고 간질을 앓고 있었다. 사역적인 면에서도 최악의 삶을 살았다. 궁핍과 굶주림, 투옥과 고문, 핍박과 도피가 그의 일상이었으니 말이다. 그럼에도 그는 자신의 삶을 하나님의 진노로 보지 않았다. 도리어 그는 이렇게 고백한다.

"하나님께서 내 몸에 가시를 주셨습니다. 그것은 사탄의 하수인이라고 할 수 있는데…나는 이것을 내게서 떠나게 해 달라고, 주님께 세 번이나 간청하였습니다. 그러나 주님께서는 내게 이렇게 말씀하셨습니다. '내 은혜가 네게 족하다. 내 능력은 약한 데서 완전하게 된다'"

24. 야곱의 축복

(고린도후서 12:7하-9, 새번역).

이 말씀에서 내가 얻은 결론은 이것이다. "병이 낫지 않는 것도 하나님의 뜻이다."

※ ※ ※ ※ ※ ※

고통은 하나님을 믿고 그분 안에 거하는 중에도 겪을 수 있는 하나의 과정이다. 믿음이 없기 때문에 겪는 일이 아니라, 오히려 믿음 때문에 겪는 일일 수도 있다. 바울처럼 진리에 순종하다가 겪는 고통이 있을 수 있고, 진리와는 아무런 상관없이 누리는 세상 복락이 있을 수 있다. 전자는 영원토록 영광스러운 것이지만, 후자는 덧없이 지나가고 아쉬움만 남길 뿐이다.

신학자 윌리엄 올브라이트(William Albright)의 말처럼 "하나님이 함께하시면 무슨 일이든지 형통해진다는 믿음처럼 진리에서 멀어진 믿음이 없다."

이 땅에서 자신이 바라는 것을 모두 얻는 삶이 축복이 아니다. 잃음과 얻음을 반복하는 삶의 여정에서 만나는 하나님이 바로 축복이다. '내가 만사형통한 것이 하나님의 뜻'이라 믿는 사람들은 결코 알 수도, 누릴 수도 없는 축복이다.

25장
하나님이 크게 쓰시려고

"하나님이 목사님을 크게 쓰시려는 것 같습니다."

모두들 나를 위로하려는 마음에서 건네는 말이라는 것은 알지만, 이 말은 내게 크나큰 괴로움을 안겨 주었다.

솔직히 말하자면, 이 말을 처음 들었을 때 속으로 화부터 났다. 그래서 하나님께 따져 묻곤 했다.

"하나님, 정말 저를 쓰시려고 그러신 건가요? 쓰시려면 좀 곱게 쓰실 것이지, 이게 뭡니까!"

어떤 분들은 "특별히 크게 쓰실 것"이며 '크게'를 힘주어 말하곤 했다. 그러면 나는 속으로 더 '세게' 저항했다.

"정말 당신이 저를 '크게' 쓰실 뜻에서 이러시는 건가요? 그럼, '더 크게' 쓰시려면 제 자식들까지 다 불구가 되게 하셔야겠네요!"

쓰디쓴 반항심이 마구 터져 나왔다. 이미 벌어진 상황을 아직 받아들이지도 못하고 있는 판에 누군가 '하나님의 뜻'을 운운하면 화부터 치솟았다. 그래서 하나님께 이렇게 소리친 적도 있다.

"하나님, 좋게 말로 하세요. 말로 하셔도 알아듣잖아요!"

감당하기 어려운 고난 가운데 있는 사람에게는 어떤 이유를 갖다 붙여도 위로가 되지 않는다. 그럼에도 믿는 사람들끼리는 하나님의 뜻이 있을 것이라는 모호한 말로 위로하려 한다. 지금까지 어느 누구도 "이 일을 향한 하나님의 뜻은 이것입니다"라고 분명하게 말해 주는 사람을 나는 본 적이 없다.

그리스도인은 모든 시간, 모든 사건, 모든 환경을 통치하시는 하나님을 주(主)로 믿고 고백하는 자이기에 매사에 하나님을 뜻을 구한다. 성경에는 아주 명료하게 "이것이 하나님의 뜻"이라고 밝힌 구절이 나온다.

"항상 기뻐하라. 쉬지 말고 기도하라. 범사에 감사하라. 이것이 그리스도 예수 안에서 너희를 향하신 하나님의 뜻이니라"(데살로니가전서 5:16-18).

이 말씀은 분명 우리를 향한 하나님의 뜻이 무엇인지 밝혀 준다.

그러나 사람들은 자의적으로 내용을 더하거나 뺀다. 이 구절도 그러하다. "항상 기뻐하라" 앞에 나오는 "항상 선을 따르라"(15절 하)는 말씀은 거의 빼먹는다. 기뻐하고 기도하고 감사하는 것과 더불어 "누가 누구에게든지 악으로 악을 갚지 말게"(15절 상) 하는 것도 하나님의 뜻이다. 우리가 성경을 왜곡하지만 않는다면 우리를 향하신 하나님의 뜻을 얼마든지 찾을 수 있다.

※ ※ ※ ※ ※ ※

우리가 가장 자주 그리고 가장 절실하게 하나님의 뜻을 물을 때는 '선택의 순간'이다. 예를 들어, 두 가지 직장을 놓고 하나님의 뜻을 묻는 경우가 있다. 그때 과연, 둘 중 어느 한 곳만 하나님의 뜻이고, 다른 곳은 하나님의 뜻이 아닐까? 내가 생각하기에, 하나님의 뜻은 어느 직장으로 가든지 그곳에서 만나는 사람을 사랑하고, 주어진 업무를 성실하고 합법적으로 수행하는 것이다. 배우자를 찾는 일도 마찬가지다. 누구를 만나든지 사랑하며 섬기며 사는 것이 하나님의 뜻이다. 선택의 순간에 하나님의 뜻을 '그렇다' 또는 '아니다'로 확인하려 해선 안 된다. 그런 식으로 하나님의 뜻을 구하면 두려움만 키우는 결과를 낳는다. 나중에 일이 잘못되면 자신이 그때 선택을 잘못해서 그렇다고 생각하기 쉽다.

이렇게 좋은 일로 하나님의 뜻을 물을 때는 그나마 수월한 편이다. 원치 않는 고통을 당할 때 거기에 담긴 하나님의 뜻은 과연 무엇인지, 우리로서는 헤아리기가 너무 어렵다. 고난당할 때 경험하는 일들은 우리 판단으로는 도무지 유익할 것 같지 않은데, 하나님은 그런 상황 속에 우리를 내버려두신다. 이럴 때 피조물인 우리가 할 수 있는 건 울분과 원망 섞인 어조로 그분께 물어보는 것뿐이다.

"왜입니까, 하나님?"

이처럼 고난의 의미를 묻는 것은 아픔을 견디기 위한 몸부림이다. 의미를 알면 그래도 견뎌낼 수 있을 거라는 생각으로. 그러나 설령 의미를 알게 된다 하더라도 이 고난이 언제 끝날지 알지 못하면, 인간은 다시 좌절하기 마련이다. 고난의 의미뿐만 아니라 그 기한을 알아야 참고 견딜 수 있다. 다윗도 하나님께 '왜'와 '언제'를 수십 번씩 물었다. 그러나 하나님은 고난당하는 자에게 그 답을 잘 알려주시지 않는다. 그저 인내하라, 견디라, 하시는 경우가 대부분이다.

고난 자체를 축복으로 바라보는 시각이 있다. 그런데 정말 고난이 축복이라면 누구든지 고난을 선택하도록 도전하고 또 고난을 추구해야 하는데, 우리는 과연 그런가? 고난이 닥쳐왔기에 훈련을 받는 것이지, 훈련을 위해 고난을 받는 것이라면 우리를 향한 하나님의 계획을 과연 신뢰할 수 있을까. 폴 투르니에(Paul Tournier)가 말한 대로, 고난을 이기는 과정이 축복이지 고난 자체가 축복은 아니다. 고난이 축복이라는 말은, 인내하는 과정을 통해 만들어지는 새로운 삶이 있을 때에만 유효하다.

고난이 현재진행형일 때 하나님의 뜻, 곧 고난의 목적을 아는 사람이 과연 몇이나 될까? 요셉은 형들의 손에 죽임당할 뻔했다가 애굽에 노예로 팔려가면서 당시 자신이 당하는 고난에 담긴 하나님의 뜻을 깨달아 알고 있었을까? 자기를 노예로 팔아넘긴 형들에게 요셉이 했던 유명한 고백이 있다.

"형님들은 나를 해치려고 하였지만, 하나님은 오히려 그것을 선하게 바꾸셔서, 오늘과 같이 수많은 사람의 생명을 구원하셨습니다. 그러니 형님들은 두려워하지 마십시오. 내가 형님들을 모시고, 형님들의 자식들을 돌보겠습니다"(창세기 50:20-21, 새번역).

요셉의 이 감동적인 말은, 애굽에 노예로 팔려가 십수 년의 세월을 보내고 총리가 되어 기근에 곡식을 사러온 형들을 만났을 때 나온 말이다.

"당신들이 나를 이곳에 팔았다고 해서 근심하지 마소서. 한탄하지 마소서. 하나님이 생명을 구원하시려고 나를 당신들보다 먼저 보내셨나이다.…그런즉 나를 이리로 보낸 이는 당신들이 아니요 하나님이시라. 하나님이 나를 바로에게 아버지로 삼으시고 그 온 집의 주로 삼으시며 애굽 온 땅의 통치자로 삼으셨나이다"(창세기 45:5-8).

고난의 비밀은 세월이 흐르고 끝까지 성실하게 믿음의 경주를 마친 사람에게 비로소 드러난다. 점을 치듯이 고난의 이유를 알려고 애쓰기보다는 고난 중의 요셉처럼 매일 주님과 동행하며 말씀에 순종하는 것이 훨씬 유익하지 않겠는가.

고난당하는 순간 고난의 뜻을 아는 자는 거의 없을 것이다. 우리는 다만 인내하며 달릴 뿐이다. 경주가 끝나고 마침내 하나님의 뜻이 드러날 그때를 바라보며 묵묵히 달릴 뿐이다. 아내를 일으켜야 하는 절실한 기도에는 침묵하시고 이보다 훨씬 덜 중요한 문제에는 확실한 응답을 주시는 이유는 무얼까? 나는 잘 모른다. 다만 내가 아는 사실은 "외적인 어려움이 내면에 불을 붙였다"는 것뿐이다.

C. S. 루이스의 「우리가 얼굴을 찾을 때까지」에서 여왕 오루알은 순례를 끝내면서 이렇게 고백한다.

"주님, 제게 왜 응답하시지 않는지 이제야 알겠습니다. 주님 자신이 바로 응답입니다. 주님을 대면하면 모든 의심이 눈 녹듯 사라집니다. 다른 응답이 또 필요할까요?"

고난의 신비는 고난의 끝에서 우리가 그렇게 사모하던 그분을 대면하는 것이다. 이것이 분명 하나님의 뜻이라고 나는 믿는다.

26장
함께 천천히 걷는 광야 학교

　　　　　　아내가 쓰러진 내 삶은 마치 '광야'와 같다. 생존의 어려움, 수시로 몰아치는 광풍 같은 사건들, 홀로 버려진 듯한 외로움, 그리고 무엇보다 통제되지 않는 혼돈 때문에. 그러나 광야에서도 시간은 절로 흘러간다. 생명력이 약해진 아내의 시간은 느릿느릿 흐르지만, 아이들의 시계는 아침부터 저녁까지 쉴 새 없이 째깍째깍 돌아간다.

　삶의 속도가 가장 크게 변한 사람은 남편인 나다. 무슨 일이든 굼뜬 것을 못 견디는 내가, 운전대를 잡아도 절대 속도를 내지 않게 되었다. 차를 천천히 몰아야 하는 이유는 환자인 아내를 태우고 가기 때문이다. 이전처럼 내가 원하는 속도를 낼 수가 없다. 아내가 편안하게 오갈 수 있는 속도와 거리가 내가 운전할 수 있는 최고 속도와 최장 거리다. 아내를 태운 승합차는 교회에서 집까지 겨우 2킬로미터를 가는 데 무려 30분이나 걸린다. 아이들이 걷는 속도와 비슷하다.

느려진 삶의 속도는 하루에 할 수 있는 일의 양을 자연스럽게 줄여 주었다. 많은 일을 처리하지 못하지만, 가장 중요한 일을 할 수 있는 시간은 주어진다. 매일 하나님을 만나고 설교를 준비한다. 아픈 아내를 위로하고 아내 곁에 머물 수 있다. 아이들을 학교에 보내고, 아이들과 놀고, 아이들을 재우며 함께 잠을 잔다. 다만, 허세 부릴 시간은 없다. 외적으로 더 많은 일을 하려 들수록 혼란에 빠진다. 내가 하고 싶은 것을 기어코 해 버리면 반드시 갈등이 일어난다. 도널드 맥컬로우(Donald McCullcugh)의 말처럼 "광야에서는 있는 그대로를 받아들이는 법을 배운다."

※ ※ ※ ※ ※ ※

광야 생활에서는 무엇을 쟁취하는 믿음보다 그저 하나님이 나를 받아 주셨음을 인정하는 믿음이 더 필요한 것 같다. 히틀러에게 추방당해 미국으로 망명한 신학자 폴 틸리히(Paul Tillich)가 이런 말을 한 적이 있다.

"큰 슬픔과 고통에 직면했을 때일수록 은혜가 더 절실하게 다가

온다.…지금은 아무것도 하려고 하지 말라. 언젠가는 많은 일을 하게 될 것이다. 아무것도 구하지 말고, 아무것도 애써 보여 주려고 하지 말고, 아무것도 각오하지 말라. 그저 네가 받아들여졌다는 사실만을 받아들여라."

이것이 바로 광야의 은혜가 아니고 무엇이겠는가? 삶의 주도권을 완전히 상실하고, 주어지는 상황과 순서대로 살아도 하나님의 은혜는 흘러나온다. 광야 생활에도 즐거움은 있다. 느린 걸음이 주는 여유가 있다. 참 신기하다. 천천히 걸을수록 더 많은 것을 볼 수 있다. 더 많은 것을 느낄 수 있다. 빨리 달릴 때 불평이 더 많았고, 천천히 걸으니 오히려 감사할 것이 더 많이 보인다. 더 풍성한 삶의 이치를 발견한다. 내 고통을 아파할 시간도 얻는다. 고통당하는 이들의 아픔도 볼 수 있다. 무엇보다 애쓰지 않고 고요히 있어도 거저 위로를 얻는다. 연약한 나와 우리를 받아 주시는 하나님으로부터.

광야의 시간이 느린 이유는, 아픈 사람은 충분히 아픔을 느끼라는, 울어야 할 사람은 실컷 울고, 분노할 사람은 마음껏 분노하라는 뜻이 아닐까? 감정을 억누르며 고통을 외면한 채 그렇게 살지 말라고, 광야에서의 시간은 천천히 흘러가는 것 같다. 광야는 삶의 부조리로 인한 고통과 억울함을 견디게 한다. 광야는 극복해야 할 곳이 아니라 그저 꿋꿋이 지나가는 곳이다. 포기하지 않고 견디는 법을 배우는 곳이다.

광야를 걸으면 인내를 배우게 된다. 소망을 붙잡고 한 걸음 한 걸음 내딛는 법을 배우게 된다. 끝까지 포기하지 않는 믿음을 배우게 된다.

우리 가족은 잠자리에 누우면 하루에 한 사람씩 돌아가면서 기도를 한다. 오늘은 윤서 차례다. 장난기가 넘치는 아들 녀석은 기도도 얌전히 하는 법이 없다.

"하나님 아버지, 우리 엄마 빨리빨리빨리빨리빨리빨리빨리빨리빨리빨~리 낫게 해주세요!"

숨도 안 쉬고 '빨리'라는 말을 어찌나 빨리, 속사포처럼 내뱉으며 기도하는지…. 숨을 참을 수 있을 때까지 '빨리빨리'를 반복했다. '빨리'를 빨리 많이 할수록 그대로 될 거라고 믿는 아들의 간절함에 코끝이 찡해졌다.

'빨리 기도'는 우리 윤서의 바람만은 아니다. 사람들은 항상 '빨리'를 바란다. 공부도, 취직도, 승진도, 성공도, 돈을 모아 부자가 되는 것도, 건물을 짓고 세우는 일도, 자녀를 낳고 키우는 일도, 질병에서 회복되는 것도 최대한 빨리 이루어지길 바란다. 심지어 필수 과정을 생략해도 좋다고 할 정도로 '빨리'만 원한다.

합당한 과정과 공정을 생략하는 것은 발등에 떨어진 불은 끌 수 있을지 몰라도 장기적으로 보면 결코 도움이 되지 않는다. 사춘기를 거쳐야 어른이 되는 것처럼, 넘어져야 일어서고 뛸 수 있는 것처럼, 수만 번의 연습 끝에 '엄마, 아빠'라는 말을 할 수 있는 것처럼, 정해진 과정을 반드시 거쳐야 한다. 영적인 성장도 고통이라는 과정 없이는 성숙에 이르지 못한다. 고통은 영혼 구석구석을 흔들어 깨운다. 광야는 결코 건너뛰거나 빨리 지나칠 수 없다. 아니, 빨리 지나가지지 않는다.

광야라고 해서 반드시 아픔만 있는 것은 아니다. 광야에도 생존할 수 있는 은혜의 수단들이 있다. 늘 황량하고 차가운 바람이 불지만, 불기둥과 구름기둥이 있고, 마실 수 있는 오아시스도 있으며, 늘 모자란 듯 채워지는 만나도 있다. 무엇보다도 하나님의 능력을 가장 많이, 가장 드라마틱하게 경험할 수 있는 곳이 바로 그곳이다.

광야는 하나님의 위엄과 영광, 능력과 존귀가 가장 잘 드러나는 곳이다. 반면에 인간의 완악함과 교만, 불만족과 연약함이 가장 잘 드러나는 곳이기도 하다. 광야는 이러한 두 가지 실재가 벌거벗은 채 만나는 곳이다. 살아 있고 먹고 있으면서도 좀더 좋은 것을 달라고 불평하는 인간과, 인간의 불평에 때로는 분노하고 벌을 주시면서도 한결같은 은혜로 공급하시는 하나님이 만난다. 죽음 앞에 두려워 떨며 살려달라고 소리치는 인간과, 죽음에 처한 인간들에게 살 길을 여느라 분주하신 하나님이 만난다. 얇은 옷과 짐승의 가죽으로 만든 천막으로 최소한의 자기 보호밖에 할 수 없는 인간과, 구름으로 그늘을 만드시고 불기둥으로 한밤의 냉기를 녹이시며 사람이 거할 수 있는 최적의 온도를 넉넉하게 만들어 내시는 하나님이 만난다.

광야라는 학교에 입학하기 전에는 40년 먹을 양식을 한꺼번에 저장해 놓아야 40년을 살 수 있을 줄 알았다. 광야 생활을 해 나가면서 우리 하나님이 일용할 양식을 매일 40년 동안 신실하게 먹이시는 분임을 깨닫게 된다. 지금 내 손에 들려 있지 않지만, 지금 내 눈에 보이지 않지만, 그분이 먹이시고 입히신다. 그래서 "내일 일을 두려워하지 말아야지" 하고 다짐해 본다.

가끔씩 내 삶이 광야에서 살아가는 한 가족의 삶을 생생하게 찍은 한 편의 영화 같다고 느껴질 때가 있다. 감독: 삼위 하나님, 주연배우: 김병년 서주연 부부와 아이들 윤영 윤서 윤지, 그리고 수많은 조연들. 스펙터클한 이 영화의 결말을 얼른 보고 싶은 마음이 간절하다. "여주인공이 건강하게 일어나고 온 가족이 오래오래 행복하게 살았다"라는 해피엔딩으로. 그러나 감독이 마지막을 어떻게 구성할지 모르겠다. 아직 대본을 다 받지 못했다. 날마다 하루치 쪽대본이 나올 뿐이다. 솔직한 심정으론 이 광야를 하루 속히 벗어나고 싶다. 아들의 기도처럼, 빨리.

오직 이 끝모를 광야길에 함께하시는 분이 계시니 하루하루를 살아갈 뿐이다. 날마다 내 삶 가운데 찾아오시는 하나님을 만나는 것 자체가 기적이 아니겠는가. 그분은 그렇게 내 삶의 속도에 맞추어 함께 걷고 계신다. 내가 자녀들과 아내의 삶의 속도에 맞춘 것처럼 천천히 느린 걸음으로.

맺는 글
난 당신이 좋아

　　　　　　　　아내와 대화할 때 우리끼리 정해 놓은 일종의 사인이 있다. 눈꺼풀을 한 번 깜빡이면 "예", 두 번 깜빡이면 "아니오"다. 이 방법으로 꾸준하게 대화를 시도하여 이제는 모든 가족이 제법 빠르게 아내와 의사소통을 할 수 있게 되었다.

　어느 날 내가 물었다.

　"여보, 외로워?"

　"(아뇨)."

　아내가 눈꺼풀을 두 번 깜빡인다. 내가 다시 묻는다.

　"여보, 하나님 원망 안 해?"

　"…."

판단하기 어려운가 보다. 눈꺼풀을 움직이지 않는다. 또 묻는다.

"남편은 원망 안 해?"

"(그럼요)."

눈꺼풀을 한 번 꾹 눌렀다가 편다. 안심이다.

☙ ❦ ❦ ❦ ❧

여전히 아내는 상대의 말을 열심히 듣고선, 모스 부호처럼 눈꺼풀 한 번 혹은 두 번으로 응답한다. 쓰러지기 전에도 아내는 듣기를 잘하던 사람이었다. 지금은 청각뿐 아니라 온몸으로 듣고 있다. 벌써 6년째 그렇게 듣고 있다.

어느 날엔가는 아내에게 긴 말을 건넸다.

"여보, 당신이 나를 10년 동안 사랑했으니까 나도 당신을 10년만 사랑할거야. 그러니까 그 안에 일어나. 알았지?"

아내가 웃었다. 그러나 나는 안다. 나는 아내처럼 10년도 제대로 사랑하지 못할 미숙한 사람이라는 것을. 사랑하기보다는 사랑을 받아야 하고, 내가 하기보다는 남 시키기를 더 좋아하는 사람이 나라는 것을. 그러나 피할 수 없는 삶의 고통이 나를 사랑으로 이끌어간다.

믿음의 길이 줄곧 순탄한 대로라면 얼마나 좋을까. 그러나 대로는커녕 안개 자욱한 좁고 굴곡진 험로일 때가 허다하다. 나는 그 험로

한복판을 지나는 중이다. 때론 폭풍이 몰아치고 가시밭이 무성하고 죽음도 가깝다. 그래도 길을 탓하지는 않는다. 내 입에서 나오는 탄식은 무거운 발걸음과 피로에서 나오는 것일 뿐이다. 큰 기쁨은 없어도 하룻밤을 자고 나면 다시 한나절 견딜 만한 에너지가 충전된다.

그러나 삶의 불확실성이 클수록 믿음은 하나님을 더욱 또렷하게 인식하게 한다. 삶의 주도권을 내려놓을 때 하나님과의 관계가 자란다. 주도권을 내려놓는 것이 바로 믿음이 성장하는 출발점이다. 모든 것에 주도권을 갖고 사는 한, 믿음이 자라기는 어렵다. 그저 자신의 관리 능력만 자랄 뿐이다.

"난 당신이 좋아."

묻는 말에 늘 이렇게 답해서 나를 갑갑하게 했던 아내. 그러나 그것이 아내의 사랑이었음을 깨달은 지금, 사방이 꽉 막힌 답답한 현실이 내게 사랑을 가르치고 있다. 병들어 누워 있는 아내가 내게 사랑을 가르치고 있다. 일보다 아내를 사랑하는 다정다감한 남편으로 다시 태어나라고, 우리 둘이 맺은 사랑의 열매인 아이들을 부드럽게 인내하며 가르치는 아빠가 되라고, 성격이 다르고 믿음의 분량이 다른 부모님께 순종하는 자녀가 되라고, 무엇보다 아파 울고 있는 성도들에게 밥 한 그릇 더 먹이고, 극단적인 양극화 속에서 신음하는 가난한 자들을 먹이고, 풍요 속에서도 자유를 맛보지 못한 이들에게 단순한 삶의 신비를 가르치라고.

아파 누운 아내의 사랑은 그렇게 내가 사랑하는 자로 자라가도록 나를 일깨우고 있다. '아내만 일어나면 모든 것이 채워지는데…' 하는 아쉬움 속에서도, 아내의 빈자리를 느낄 때마다 몰려오는 허전함과 고통을 품고서 아이들은 자라가고 남편은 성숙해 가고 있다. 태풍에 쓰러진 아내를 품고 우리는 그렇게 울고 웃으며 오늘도 살아가고 있다.

물론 '혼돈'도 삶의 일부라서 안정되어 가는 듯하던 삶에 수시로 찾아온다. 요 근래 생활이 다시 뒤죽박죽이 되었다. 집안일을 하다가 음식을 태우기도 하고, 아이를 돌보다가 잠들기 일쑤고, 설교 준비를 하다가도 밥을 해야 하는 식이다.

커피를 쏟을 정도로 몸은 말할 수 없이 피곤하지만, 마음만은 행복하다. 하나님이 주신 선물인 아내와 세 아이 그리고 교회를 사랑하며, 하나님이 허락하신 삶을 살고, 하나님이 허락하신 기업을 돌보는 즐거움을 누리고 있다. 오늘도 새벽에 일어나서 그분 앞에 아내와 함께 나아간다. 아내 곁에서 그분의 이름을 부르며 기도한다.

참.행.복.하.다.

감사의 글

  급작스럽게 일어난 아내의 질병이 뒤돌아볼 틈도 없이 다급하게 살도록 나를 몰아붙였지만, 이 책을 쓰면서 내 삶을 찬찬히 돌아보는 기회를 얻었다. 숨겨져 있던 지우고 싶은 삶도 보이고, 지금이라면 다르게 살고 싶은 아쉬움도 보인다. 끝나지 않은 어려움 속에서도 내 삶은 나를 사랑해 준 아내와 내가 사랑하는 사람들, 또 우리를 사랑하는 사람들로 가득 차 있으니 어찌 감사하지 않을 수 있을까.
 먼저, 부족하지만 한 사람의 삶을 누군가에게 들려줄 만한 이야기가 되게 하신 하나님께 감사드린다. 예상치 못한 상황 속에서 살 수 없을 것 같은 두려움도 시간이 지나면서 평안으로 이끄시는 그분은 나의 구주, 우리 목자이시다. 그분이 앞선 길 험한 골짝도 울고 웃으며 지나게 하시니 감사할 뿐이다. 결혼해서 쓰러지기 전까지 "난 당신이 좋아"라던 아내의 말이 지금껏 나를 살게 하였다. 이제는 내가 아내에게 그리고 하나님께 그 사랑을 고백한다.

하루하루 전쟁터 같은 위험 속에서 오아시스 같은 우리 자녀들이 없었다면 어땠을까? 아이들의 웃음으로 고통을 몰아낸 적도 많았다. 건강하게 자라 준 아이들과, 우리 부부를 이 땅에 보내 주신 우리 어머니와 장모님께 감사를 전한다. 아들을 돕기 위해 힘든 내색도 없이 막내를 돌봐 주신 우리 어머니와, 딸을 오직 기도로 일으키시려는 장모님의 헌신에 머리숙여 감사드린다. 그분들이 베푸신 사랑의 수고로 지난 6년을 견딜 수 있었다. 윤지를 3년간 길러 주고, 지금도 성숙한 아이로 자라도록 중보해 주는 동생 가족에게도 고마움을 전한다.

또 다드림교회 성도들에게 깊은 감사를 전한다. 그들이 고난에 동참하며 기도로 흘린 눈물은 언제나 내게 소망을 주었다. 어디에서든 나를 위해 기도해 주시는 영적인 부모 신웅섭, 이미순 선교사님 부부와 언제나 달려가면 위로해 주시고 품어 주시는 김동호 목사님께 감사를 전한다. 항상 아내를 따스히 보듬어 주는 시온이네와 명호에게 고마움을 전한다. 아내가 어디를 가든지 태워 주시는 집사님들과 청년들에게도 감사하고, 아픈 아내가 버림받지 않은 자임을 늘 일깨워 주는 CCC, IVF 선후배들도 잊을 수 없다.

    무엇보다 아무리 힘들어도 물질적으로 치워 주시는 후원 천사들에게 감사를 전한다. 나의 동역자요, 친구요, 형제자매로 살아온 날들 동안 모든 허물을 감싸준 그들을 향한 고마움은 말로 다할 수 없다. 끝으로, 오랜 시간 원고를 위해 수고한 이진경 자매와 만삭이 되어서도 이 졸작을 위해 씨름한 이혜영 간사에게 감사를 드린다.

다드림교회에서
김병년

난 당신이 좋아

초판 발행 2010년 12월 29일
초판 18쇄 2025년 4월 25일

지은이 김병년
펴낸이 정모세

편집 이성민 이혜영 심혜인 설요한 박예찬
디자인 한현아 서린나 | 마케팅 오인표 | 영업·제작 정성운 이은주 조수영
경영지원 이혜선 이은희 | 물류 박세율 정용탁 김대훈

펴낸곳 한국기독학생회출판부 | 등록번호 제2001-000198호(1978.6.1)
주소 04031 서울시 마포구 동교로 156-10
대표 전화 (02) 337-2257 | 팩스 (02) 337-2258
영업 전화 (02) 338-2282 | 팩스 080-915-1515
홈페이지 http://www.ivp.co.kr | 이메일 ivp@ivp.co.kr
ISBN 978-89-328-1118-5

ⓒ 김병년 2010

책값은 뒤표지에 있습니다.
무단 전재와 복제를 금합니다.